天下‧文化
BELIEVE IN READING

Train For Change ———— 一張通往改變的車票

Business

經營管理

臺鐵在逆境中堅持變革

象龜學跳舞

謝宇航、胡芝寧、朱乙真、王明德——著

目錄

朝向願景清楚的改革之路邁進

——————— 交通部部長 林佳龍

火車承載著許多臺灣人美好的回憶，我也不例外。

我是雲林麥寮人，小時候每逢年節，媽媽帶著我們坐火車回家，周遭乘客拎著禮物，臉上帶著期待返鄉的笑容，那是一種庶民生活的豐沛活力；高中時，週末常與社團夥伴搭火車到宜蘭，幫偏鄉學校的孩子課後輔導，結束後坐火車北上，因助人而充實滿足的心靈，伴隨車外風景，陪我度過了一段美好的青春歲月；耶魯大學畢業返國後，出了社會，有一陣子曾在國立中正大學教書，搭火車南下時，我在車上備課、休息，看著窗外嘉南平原四季景色更迭，那一幅幅美麗的畫面，至今令我印象深刻。

如今，我擔任交通部部長，而臺鐵則是交通部部屬機構，肩負臺灣軌道運輸的重責大任，懷抱著對搭乘火車的情感，我自然對臺鐵充滿著希望與期待。

自普悠瑪事件後，臺鐵展開一連串的改革，從上而下，必須要有清楚的目標與願景，在我看來，可從四方面著手：首先是「解套負債包袱，成立資產開發中心」。事實上，臺鐵財務狀況並不是問題，臺鐵資產很多，甚至大於負債，單單配合鐵路立體化的大眾運輸導向發展（TOD），場站開發配合都市計畫修改，就可以至少有一千億元的收入，為財務帶來極大的收益，也能支援後續改革所需要的經費。目前

臺中鐵道文化園區已經開始有實質的收入，新竹、桃園、彰化、嘉義、宜蘭也陸續在做。

　　第二點是「人才流失止血，為員工加薪」。臺鐵若要轉型成有競爭力的組織，就必須要有誘因機制。因此，我們仔細計算臺鐵現有獎金與福利，除了增加員額，也希望提高員工的薪資，甚至是結婚、生育、喪葬、子女教育等福利，都比照公務體系。如今，臺鐵員工的生活津貼已於 2020 年 2 月 15 日經行政院核定實施，未來希望能因應財務的改善，逐步提高薪資福利。

　　第三點是「發展鐵道產業：成立 R-team，打造鐵道產業國家隊」。臺灣科技能力不差，製造能力更是頂尖，與鐵道技術相關的認證及產業鏈必須要國產化，才能發展出鐵道產業。因此，我推動「R-team」，將相關業者組成國家隊，結合上下游的技術與製造能力，形成產業做為後盾，臺鐵才不會一直受制於採購對象。

　　而這也是一項商機，可以開發國外市場，因此我們成立「財團法人鐵道技術研究及驗證中心」，集中鐵道相關的技術與人才，並盤點政府機關、法人或民間的資源，不要重疊，只要能做出符合國際標準的產品，就可以國產化，我相信臺灣在這部分的能力絕對沒問題。

最後則是「活化臺鐵經營，推出票價合理化方案」。臺鐵提升服務品質之後，接下來就是票價差異化，短、中、長程的票價應該不一樣，譬如觀光鐵道費率一定要鬆綁，讓觀光鐵道與一般列車票價脫鉤，才能落實票價合理化方案。

搭捷運跟火車路線一樣，票價卻差很多，相信很多人也會覺得不合理。未來調整票價絕對是一條正確的路，只是必須要有時間，讓臺鐵的改革計畫贏得內部員工跟外部消費者支持。

擁有一百多年歷史的臺鐵，未來重要性不會消失，每天六十多萬人搭乘的載客量，連假期間甚至每天可以達到七、八十萬人次以上，是臺鐵最大的競爭優勢，我們相信，在清楚願景與目標的驅動下，臺鐵的轉型改革之路不僅會愈走愈順，也能成為兼顧傳統與現代創新精神的百年企業。

教象龜跳舞 化不可能為可能

—— 臺鐵局局長 張政源

我跟臺鐵淵源很深，雖然後來離開，轉到其他公務部門服務，但是在我心裡，一直都是臺鐵人。

記得普悠瑪事件發生的那一天，從電視新聞中聽到這則消息，心裡震動了一下。後來賴清德院長問我能不能轉任臺鐵局局長，老實說我沒有馬上答應，因為我知道這是一個很大的挑戰，我猶豫的是自己離開這麼久，不確定能不能把這件工作做好。

最後長官說：「只有臺鐵人有辦法救臺鐵，你有臺鐵的經驗，又在各單位歷練過，還有政務次長的高度，下來救才有機會。」這句話打動了我，抱著感恩的心接下這個任務。大家都說我是「跳火坑」，其實我更覺得是「跳火圈」，因為跳火坑很難爬上來，但跳火圈雖然危險，若能順利跳過去的話，應該可以有一點掌聲。我就是抱持這樣的使命感與信念，堅定地回到臺鐵。

剛回臺鐵的時候，我看到員工士氣非常低迷，因此要做的第一件事就是穩定軍心。所謂先安內、再攘外，只有充滿衝勁與自信心，對組織認同、有向心力的員工，改革才能順利推動。

於是，從上任後，我走遍全臺灣 241 個車站、34 個段（含機廠）、57 個分駐

所（含分段）、4 個營業所、4 個餐旅所、88 個道班，了解員工心聲，解決他們的問題，也將臺鐵必須改變的理念傳達給每一位臺鐵人。

IBM 董事長兼執行長路‧葛斯納（Lou Gerstner, Jr.）曾用大象形容 IBM 這個曾經風光一時、後來衰敗沒落的跨國企業；在我看來，臺鐵則像一隻象龜，多年來身上背著許多負擔，要讓臺鐵動起來，甚至教他跳舞，是一件不可能但非做不可的任務。

然而，這一年多來，在全體同仁及各單位的協助下，臺鐵做了很多百年來第一次的改變。譬如：成立營運安全處，做為行車安全的專責單位；資產開發中心及附業營運中心，推動資產活化、台鐵便當、鐵道旅遊及文創商品的開發；在延宕三十年、開過上百場會議之後，終於跟工會簽訂團體協約；為同仁爭取到等待十八年的「員工福利精進措施」；將美學概念引進臺鐵，引發一連串的美學復興運動；推動台鐵便當品牌化運動，讓人們不用進入車站，也能品嘗記憶中的難忘滋味……

這些看似不可能卻逐步收穫成果的改革，是我與每一位臺鐵人攜手，一步一腳印，突破困境而完成的任務，我們深知改革才剛開始，還需要時間成就，但經過這一趟旅程，我們深信：只要堅持下去，一定會有達到目標的一天。

Salesforce 創辦人、雲端運算的先驅者馬克‧貝尼奧夫（Marc Benioff）曾在《開拓者》（*Trailblazer*）一書寫道：「未來的成功，繫於每家企業的每個人都朝著新道路直奔，不管你從事什麼工作，無論你在哪裡工作，若人人都能貢獻一己之力，不但能建立更成功的企業，也能創造更美好的世界。」

臺鐵如今正面臨必須改革的時刻，即使現在不改，身處競爭激烈的商業時代、網路社群及快速傳遞的資訊時代，企業要存活、社會氛圍的期待，也將迫使臺鐵不得不改。唯有上下一心，每個人都朝向改革目標前進，面對過去的問題，突破、解決現在的困境，重新找出迎向未來挑戰的創新思維與工作型態，才有辦法找回社會大眾對臺鐵的信任。

本書的出版，就是將臺鐵長久以來的困境，以及過去與現在為了改革所做的努力與過程，完整記錄下來。除了讓外界了解，更呼籲所有臺鐵人，為了永續發展，我們必須團結起來，繼續「化不可能為可能」，臺鐵的未來就有無限可能！

臺鐵如今正走在改革的路上，持續學習、調整改變的步伐，需要社會大眾給予鼓勵與時間，相信終將迎來甜美的果實。

楔子

危機與挑戰

改革不是答案，而是追尋答案的過程。

1887 年清朝政府成立「全臺鐵路商務總局」為臺灣鐵路事業的濫觴。1899 年日治時期臺灣總督府交通局鐵道部成立，計劃全面興建西部縱貫鐵路。二次大戰結束後，臺灣進入中華民國時期，鐵道部改組為「臺灣鐵路管理委員會」，先後隸屬於臺灣省行政長官公署交通處與臺灣省政府交通廳，1948 年改組為「臺灣鐵路管理局」，成為臺灣省營事業機構。隨著十大建設進行了西部幹線電氣化與東部鐵路幹線擴展，1991 年完成環島鐵路網。1999 年改隸屬交通部，全稱改為「交通部臺灣鐵路管理局」。

在我們生長的土地上馳騁超過百年，歷經兩次世界大戰、主權更迭，臺鐵曾經是臺灣運輸、經濟命脈，是許多青年學子南來北往的共同記憶，承載了不同時代無數臺灣人的生活軌跡與人生方向。21 世紀走過二十年，身為臺灣數一數二的老牌事業，臺鐵踏上了管理變革的必經之路。

──── 普悠瑪事件催化改革加速

可是，為什麼一定要改變？

1993 年起擔任 IBM 董事長兼執行長的路‧葛斯納，曾寫

過一本書《誰說大象不會跳舞？：葛斯納親撰 IBM 成功關鍵》（Who says elephants can't dance?: Inside IBM's historic turnaround），書中對於 IBM 這個成立於 1911 年，曾經叱吒業界，後來跌入谷底幾近崩潰的跨國企業，如何振衰起敝，重新引領風騷，有著詳細生動的描述。

　　而臺鐵這個百年組織，與 IBM 一樣，擁有悠久的歷史與龐大的組織體系，但臺鐵不只是一頭大象，而像是象龜，不僅身體沉重龐大，還背著重重的龜殼，承載許多無形的負擔，連移動都嫌緩慢，遑論能隨時因應外界環境變化，做出適當的轉變與應對。因此，如何讓象龜跳舞，化不可能為可能，實在不是件容易的事。

　　事實上，臺鐵早已感受到內部各項硬軟體設備老舊，服務無法提升，在行政院及交通部的支持下，自 2015 年啟動一連串攸關營運及行車安全的硬體改善計畫。包括「鐵路行車安全改善六年計畫」、「臺鐵電務智慧化提升計畫」、「臺鐵整體購置及汰換車輛計畫」。

　　以「鐵路行車安全改善六年計畫」來說，涵蓋裝設或改善平交道告警設備及防護設備、危險路段加裝圍籬及建立邊坡滑動防護或預警設備、進行車站月台提高工程、軌道設施更新、改造現有電聯車及推拉式自強號列車動力系統及輔助系統、電務設備系統改善等等。

　　「臺鐵電務智慧化提升計畫」鎖定號誌、電訊、電力及中央行車控制系統等基礎設施提升或新建；「臺鐵整體購置及汰換車輛計畫」則是新購城際及區間客車、汰換逾齡的復興號及莒光號，也加強東部幹線及跨線運輸系統，提供西部幹線都會

區快捷運輸及捷運化服務，進一步達到推動節能減碳的綠色運輸政策。

這三項計畫的核心理念，都是為了提升行車運轉效率、可靠度、安全性及便利性。只不過對一個高齡133歲的企業來說，老舊設備無法一次汰換到位，在努力想轉身的過程中，天上卻又掉下來一個大磨難。

2018年10月，發生了令社會各界痛心的普悠瑪事件，一時之間，臺鐵成為眾矢之的，面臨重大考驗與危機，社會大眾的責難與期待不斷湧進，無非是希望臺鐵改革的腳步可以再快一點。

但是，從19世紀「全臺鐵路商務總局」到21世紀「交通部臺灣鐵路管理局」，臺鐵創立之初，組織架構及獲利模式，就不是為了營利而設計，也因背負著沉重的歷史包袱，受到種種法規限制。譬如：受限於剛性法律位階、組織調整彈性低，人員不足，加上內部橫向聯繫不夠，缺乏溝通整合，積習難改；此外，臺鐵票價二十多年來不曾調整，不賺錢的車站又無法裁撤，財務長年虧損的困境，是造成組織收入與負擔不對等、老舊設備無法迅速獲得改善的原因。

─── **安全為首要任務**

改革，就是每個人都願意多做一件事。

普悠瑪事件後，時任臺鐵局局長鹿潔身請辭，當時的行政院院長賴清德請時任交通部政務次長張政源轉任臺鐵局局長，加速推動臺鐵的改革。首先從安全開始，成立營運安全處，努

力確保行車安全，為社會大眾提供一條安全回家的路。

緊接著在運輸本業上，採購新車汰換老舊車輛、優化現有區間通勤電聯車主力車種 EMU500、主吊線全面更新及採購電力維修車，進一步改善平交道設施設備、軌道路線強化與高風險彎道改善，持續推動設施、設備更新，並與國家中山科學研究院合作研發 ATP 限速備援系統，建置安全管理系統 SMS 及修訂行車安全規章，並通盤調整行車計畫與進行車種簡化，以維持運輸服務品質。

─── 創造附業收入補虧損

第二是創造附業收入，為本業挹注資金。

臺鐵本業是運輸，但在不能漲票價、無法裁撤人少偏遠的小站，以及年年虧損的情況下，成立資產開發中心與附業營運中心，以發展附業，或許是從困境中找到出路的一種方式。

資產開發中心，專責辦理臺鐵土地開發及資產管理業務；至於附業營運中心，則負責鐵道觀光旅遊、便當及文創商品開發業務。

臺灣是世界少有的環島鐵路國家，以西部幹線、東部幹線、南迴線構成環島鐵路網絡，是主要核心營運路線，其他運量較小的支線鐵路則由各自不同的文化產生其觀光價值。環島鐵路如同一條項鍊，每個車站是一顆珍珠，以全臺灣 241 座車站、1,065 公里鐵路串成一條珍珠項鍊。使車站成為地方的交通要點，結合地方各界的需求與展望，串起點、線與面，加以活化資產，為臺鐵挹注資金活水。

在改革的路途上，從開發、標租資產，為區域創造商業活動、為臺鐵創造最大收益。

於是，火車站可能變身為旅館、企業商辦，體驗生活鐵道的價值。面對古蹟、歷史建築等文化資產，如何在維護共同文化記憶的情況下，努力找到不讓古蹟、歷史建築成為負資產的方法，實踐文化鐵道的精神。通勤旅客票價不能調漲，那就轉向觀光旅客，構成觀光鐵道的發展。

臺鐵要做的資產開發，正是把「項鍊」，變成名副其實的「珍珠項鍊」，並且真正落實文化鐵道、觀光鐵道、生活鐵道的策略藍圖。

─── 提升員工自信心

所有的改革，關鍵都在於人和組織，組織改革更不只是口號，而是臺鐵人一起努力、展現決心與信心的轉捩點。因此，臺鐵改革的第三步，是爭取員工福利、升級旅運服務，以美學復興打造品牌精神，增加臺鐵人的自信心與光榮感。

在資源有限的情況下，員工待遇與福利，成為改革優先選擇的項目之一。經營團隊鍥而不捨努力，以「福利精進措施」方案為所有營運、基層員工爭取生活津貼。成立專案小組著手改善員工備勤房舍及休息設施，設置員工關懷中心、推動諮商輔導，持續改善勞動條件，攜手工會並與其進行雙向溝通，打造和諧勞資氛圍。

此外，臺鐵也啟動一連串的美學復興運動，觀光列車改造而成的鳴日號是第一步，接下來會從火車站、車廂外觀、內部

裝潢及備品等大小細節，進行改造。至於民眾最愛的台鐵便當，也開始進行品牌化運動，除了延續過去的鐵路便當節，用活動提升台鐵便當的形象之外，更透過與便利超商的異業結盟，強化台鐵便當的能見度及品牌形象，讓即使沒有鐵道的離島，也能吃到台鐵便當，復刻人們對鐵道的回憶。

─── 化不可能為可能

2018 年，臺鐵歷經了一段低潮與黑暗期，自此兩年來，他們也確實展現出改革的決心，從組織變革、安全系統、硬軟體設備、美學復興、品牌化推進等各種面向，展現出這個如同象龜般，背負悠久歷史與社會包袱的傳統百年組織，極力想華麗轉身，秉持「化不可能為可能」的企圖心，也得到許多前所未有的改革成果。

譬如社會大眾好評不斷的鳴日號改造，是臺鐵首次邀集設計領域的專家，一同為觀光列車的改造出謀劃策，呈現出符合現代美學的設計。車站改造也是如此，眼尖的民眾應可感受到，火車站變得不一樣了，有都會商業型如臺北、松山、板橋車站，有結合地景與在地特色的花蓮、臺東車站，更有像臺中及正在整修中的新竹、臺南車站這種保留早期建築，展現新舊融合的車站型態。

在組織變革上，突破法規限制，以任務編制方式，成立專責單位，負責提升行車安全與附業經營，有助於事權統一，不再有過去各自為政，難以釐清疏失責任的狀況，對想要與臺鐵合作的外界單位來說，也容易迅速找到正確的對應窗口。在員工福利上，更是突破十八年來的法規限制，以專屬臺鐵的「員工福利精進措施」，讓臺鐵人可以領到生活津貼。

或許你很難想像，對內及對外的溝通協調，是一般企業的稀鬆日常，但對百年臺鐵來說，不論是內部整合或與外部合作溝通，都不容易，臺鐵人苦幹實做的個性，加上封閉的組織文化，外界一向難以深入了解。

而張政源上任之後，為臺鐵帶來了新觀念、新刺激，以「走遍千山萬水，握緊每一雙手」為原則，親力親為各項改革事務，對內凝聚員工信心，對外打開溝通管道，帶領臺鐵人走出去，即使面臨社會大眾的責難與質疑，也要勇敢堅定地往前走，傳達臺鐵改革的信念。

─── 堅持走在改革的路上

管理學之父彼得·杜拉克（Peter Ferdinand Drucker）曾說：「管理是把事情做對，領導則是做對事情。」改革是一項正確的選擇，唯有改變，才能為下一代的臺鐵人打造願景與希望。

雖然改革的過程很煎熬，但卻是此時此刻，每位臺鐵人都應該有的使命感，帶著使命感，要做的事情、承受的委屈就會比別人多。而每位臺鐵人在改革過程中，不僅要把今天的事情做好，昨天做得不完美的地方更要去修補，並規劃、準備明天要做的事。

臺鐵此刻正走在改革的道路上，這不會是一條筆直的路，唯有曲直向前、團結協力，堅持走下去，才能脫胎換骨，繼續「化不可能為可能」，迎向未來重生的新時代。

▲臺鐵改革之路雖然艱辛，但依舊要帶著使命感堅持下去。

chapter

落實安全改革

以人類生命週期比擬，臺鐵已經是一位百年人瑞，
身體功能不但老舊，還背負上千億的負債。
設備老舊、財務窘困、人才流失、組織運作彈性不夠，
就像惡性循環般，鬆動了臺鐵的安全防衛機制。
所謂危機就是轉機，臺鐵如何由內而外，
透過核心價值的再建立、導入安全管理系統，
到硬體設備的更新，
打造一條讓旅客安心回家的路。

從總體檢找出問題核心

2018 年 10 月 21 日下午，一輛普悠瑪列車行經宜蘭新馬站，釀成碰撞及出軌重大事故。「這一天，是臺鐵的安全『蒙難日』，」普悠瑪事故後十九天，接下局長一職的張政源語氣沉重地表示。

普悠瑪事故震驚臺灣社會，也引發排山倒海的檢討聲浪。事故隔天，行政院組成院層級行政調查小組，進行事故調查，2018 年 10 月 26 日又成立臺鐵總體檢小組，由政務委員張景森擔任召集人，交通部部長擔任副召集人，邀集國發會、經濟部、工程會、財政部、人事總處、主計總處等機關副首長，軌道機電、土建軌道、營運、管理等領域專家，以及臺鐵員工代表共同組成，並分「土木軌道與系統整合」、「機電」、「營運」與「組織管理」四大諮詢分組，從全面性的檢討與改善，找到問題核心，提出因應對策，協助臺鐵檢視各面向問題，提升風險管控與安全機制。

—— 臺鐵總體檢，安全優先改善

總體檢小組從「行車事故系統分析與管理」、「安全管理體系升級」、「軌道系統安全」、「車輛及系統機電」、「維

每一次出車之前的檢查，都是維繫行
車安全的重要關鍵。

修制度」、「運轉系統」、「組織效能」等七大面向進行檢視與討論，共提出 144 項改善事項，分成「優先改善事項」、「一般改善事項」及「後續改善事項」。其中，33 項優先改善事項皆與行車安全相關。

　　而總體檢小組也發現，臺鐵的安全防護網出現漏洞，不是一朝一夕的事。光是從 2014 年到 2018 年 9 月，就發生了 2,397 件行車異常事件，其中車輛故障有 1,117 件，運轉保安裝置故障 500 件，其他事件則有 316 件。平均算下來，臺灣每天就有 1.5 起火車異常事件。

─── **千瘡百孔的安全防衛機制**

　　英國曼徹斯特大學教授詹姆斯．瑞森（James Reason）在 1990 年提出了「瑞士起司理論」（Swiss Cheese Model），形容重大事故之所以發生，是因為每一道防護系統的漏洞形成連鎖反應，也就是說，如果每個漏洞之前都能有效

▲軌道系統安全列為總體檢中優先改善的重要項目。

防堵，事故就不會發生。而普悠瑪事故正是一連串行車安全的漏洞，集結成無法收拾的後果。

　　從組織來看，安全管理系統不完善，列車故障回報、維修及出庫檢查程序未能落實，司機員故障排除的訓練及管理不夠，以及 ATP 遠端監視設備驗收未測試，營運維修過程中亦未能發現，是造成第一個漏洞的原因。

　　在設備上，主風泵異常導致 MR 壓力不足，導致動力時有時無，停留韌機間皆作動，ATP 遠端監視未連線，未發出告警訊息，是第二個漏洞。

　　在程序上，通聯程序不嚴謹，對於專有設備名詞沒有統一用語，導致司機員回報與調度員認知的故障設備不同，而錯失故障排除時機，且缺乏明確的司機員、調度員及檢查員通報與故障排除相關規定，是第三個漏洞。

　　人員未能及時判斷車輛異常原因並進行適當處置，司機員關閉 ATP 未立即回報並採取因應措施，不良的列車操控習慣與未及時收速度把手採取減速措施，是第四個漏洞。司機員在列車異常條件與誤點壓力下持續運轉，列車駛入半徑 306 公尺的新馬站彎道，是環境所造成的第五個漏洞。

　　一個漏洞扣著另一個漏洞，使得這班列車失控如同脫韁野馬，直奔悲劇終點，也讓臺鐵安全防衛機制的千瘡百孔，無所遁形，呈現在社會大眾面前。而這些隱藏在每日運行中，行車安全上大大小小的漏洞，亟待臺鐵痛定思痛，從上到下團結一致，加快改革的步伐。

臺鐵許多設備亟需維修，卻因必須維持服務系統，只能一邊更新一邊營運。

百年臺鐵的經營困境

　　已有百年歷史的臺鐵，不論是人、車、路、管理，無一不老態畢現，而做為臺灣十三家國營企業中唯一實施資位制的事業機構，從預算到人事，臺鐵都受行政法規的限制，彈性不大，無法靈活調整，長年累積下來，問題叢生。

→

　　交通部政務次長王國材這麼比喻：「高鐵 2007 年通車，今年 14 歲；臺北捷運 1996 年開始營運，今年 25 歲；相形之下，1887 年開通的臺鐵，今年已經 134 歲了。如果高鐵是少年，北捷是青年，那麼臺鐵就是人瑞級的老爺爺。」

　　在王國材眼中，臺鐵這位「老爺爺」，一身老舊配備，軌道舊、車子舊，通信系統也舊，在無法全數打掉重練，依舊必須肩負起通勤運輸工作的狀況下，更新速度緩慢，而且只能片片段段地一邊營運一邊修改。

　　他舉例，現在大多數國家的鐵道，都是用標準軌（軌距寬度為 1.435 公尺），譬如高鐵就是採用標準軌，而臺鐵如今仍使用窄軌（軌距寬度為 1.067 公尺），車子必須特別訂製，因此車輛汰舊換新所需的時間，就要拉得更長。

另一方面，臺鐵是環島鐵路，服務範圍廣，有兩百多個車站，營運時間比高鐵、捷運長，像北捷末班車收車後，就可以關起門來進行維護保養，而臺鐵只能利用夜間沒有列車通行的時段，跟時間賽跑，趕緊施工，更新速度不可能太快。

而且，臺鐵是事業機構，想提出任何更新計畫，都得經過上級機關交通部及國發會的審查，並獲得立法院預算審查同意，方能執行，辦理採購案件時，更需符合《政府採購法》相關規定限制，因此通常只能東改一點、西改一點，王國材說：「就像一輛老爺車，今年換個音響、明年換個照明，無法像買新車，可以一次把所有配備搞定。」

隨著臺鐵十年購車計畫的推動，購置新車，簡化車種，以及軌道、電務相關的各種設備改善、提升，不是沒有改革，只是要改的東西太多，在汰舊換新的過程中，又有各種限制。王國材表示：「臺鐵的改革是項大工程，真的需要給他們多一點時間。」

─── 設備老舊急需更新

從設備來看，臺鐵車輛「高齡」老車比例不小，普悠瑪事故發生前一年（2017 年），4,270 輛各型車輛中，就有 2,332 輛已滿年限，占五成以上。

各類機車、列車，不但是在不同年代陸續分批購入，而且來自不同國家及車廠，車型多達三十種以上，組成有如「聯合國」。

臺鐵局副局長杜微表示，相較於高鐵車型單純（日本新幹

線公司為高鐵量身打造的 700T 型列車），臺鐵車型繁多，規格不一，司機員必須熟悉各種操作系統和介面，對於新手駕駛很不友善。

從維修養護來看，由於車輛購入來源複雜，系統不同，維修方式也不一樣，需要原廠協助，就算臺鐵技術人員會向原廠學習，但還是會有老師傅退休，來不及傳承給新進技術人員的狀況發生。加上物料多來自原廠，採購與備料不易，買不到材料，維修成本高，列車故障率也隨之增加，形成列車調度挑戰及民眾行程不確定等因素。

除了車子，臺鐵的軌道也極需改善。但是養護機械老舊，普遍使用年數都超過十年，一半以上超過二十年，故障率極高，而且全臺線上約有兩千兩百六十五套木枕型道岔（列車轉換軌道的裝置），由於氣候變遷，列車密度增加，枕木容易腐爛，使用年限愈來愈短，容易成為出軌事故的肇因。

── 人事制度僵化

不僅硬體設備老舊，人事制度的僵化，也讓臺鐵面臨人力不足及斷層的問題。臺鐵是目前全臺灣唯一不採用一般公務人員任用「簡薦委制」的行政機關，而是採用專門適用於交通人員的人事制度，也就是「資位職務分立制」，兩者相較，部分臺鐵員工的待遇、福利都不如公務人員。

此外，雖是國營事業，臺鐵由於長年虧損，員工薪資比不過其他國營事業，加上業務性質特殊，工作時間長，而且無法正常作息，除了內部士氣低迷，新進人員離職率也高，技術與經驗無法傳承，更形成了一種惡性循環。

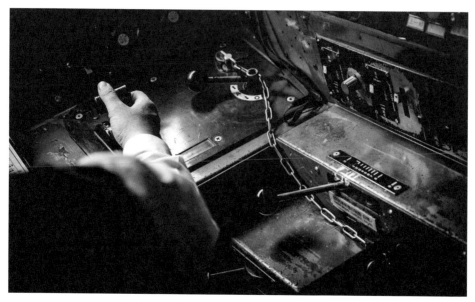
▲因員工年資 M 型化狀況嚴重，許多技術經驗無法妥善傳承下去。

　　從數字來看，臺鐵人力高峰期在 1976 年，有 2 萬 3,678
人；隨著數位時代及產業趨勢轉變，臺鐵的業務型態有所變化，
許多人力需求可以透過科技跟設備來精簡。2018 年，臺鐵員
工數約在一萬四千多人。配合政府政策及補足人力缺口，行政
院在 2017 年核定臺鐵增補 2,818 人，並從 2018 ～ 2020 年
分三年召募完成。2020 年，臺鐵員工數來到將近一萬六千人，
人力應符合需求，卻依舊面臨留才與攬才的問題。

　　根據臺鐵內部資料顯示，1997 ～ 2007 年因未舉辦鐵路
特考，如今員工年資呈現 M 型化。年齡偏高的員工居多，隨著
資深人員陸續退休，經驗無法傳承；而年資十至二十年技術成
熟的中生代人力少、離職率高，新進人員養成訓練不足，對規
章、專業職能不熟，遭遇緊急狀況，應變經驗也不夠，人力、
技術嚴重斷層。

之所以如此，主要是因為人事制度及薪資待遇結構問題，造成主管人員及關鍵職務者薪資低於行政機關，留不住人，人才也不願晉升基層主管職務，更難以延攬策略與管理人才。

為使員工待遇薪資與組織營運合理接軌，並吸納人才，臺鐵將配合交通部意見提出修正方案，優先調整主管人員加給及部分關鍵職務的待遇，朝向與行政機關相當層級的待遇齊平，期望能有助於留才及攬才。

─── **專業分工卻缺少溝通協調**

臺鐵有十三個編制單位，而業務主要集中在運務處、工務處、機務處、電務處等四個單位。其中，運務處負責車站的營運、客貨運列車的調度、列車號誌的管控等；工務處負責軌道的維修與保養；機務處負責列車維修保養，汰換添購以及駕駛列車；電務處負責行車號誌系統裝置，以及電務通訊設備的建置與維修保養。

另一個臺鐵安全防衛機制的黑洞，就是「運、工、機、電」四大部門的本位主義。

英國《金融時報》（*Financial Times*）編輯主任暨專欄作家吉蓮‧邰蒂（Gillian Tett）在著作中提出「穀倉效應」（silo effect），把國家政府、企業中的組織比喻成一座座小型穀倉，多數人都埋首在自己的「穀倉」中，只有專業分工，卻沒有溝通協調。

臺鐵運、工、機、電四大部門各自為政，嚴重缺乏橫向聯繫，無疑正是「穀倉效應」的真實寫照。

舉例來說，臺鐵曾經發生列車勾斷電車線的事件，斷的是列車上方的吊線，真正的問題是軌道不夠平整，離心力過大拉斷吊線，應該要找工務部門進行軌道養護。然而，由於列車上方電車線屬電務部門的業務，他們的解決之道，就是換上更粗的電車線。

　　曾經當過工務處處長，目前是營運安全處處長的陳仕其坦言，這四大部門各有不同專業，彼此很難對話，長期下來，各成「穀倉」，即使在安全議題上也是各管各的，沒有跨部門的合作，遇到狀況時，甚至還會互踢皮球。

─── **面對改革的勇氣**

　　不僅設備老舊、組織龐大整合困難，「臺鐵的另一個問題是窮，」王國材直言，臺鐵長期虧損，2019 年已向銀行借款約 1,293 億元，員工待遇差，士氣低落，形成惡性循環，又老又窮的臺鐵，自然改革牛步化。

　　臺鐵要提升行車安全，不論是人事、採購，都需要更多彈性。然而，臺鐵用人必須要有公務人員資格，採購要符合法規限制，加上公務部門行政流程冗長、運作緩慢，對於必須盡快拿出改革成果的臺鐵來說，實在是緩不濟急。

　　「像國營事業的董事長、總經理，都可以官派，沒有公務人員身分的限制，」王國材指出：「但是，即使出現一個有專業技術又有經驗的人才，如果不是公務員，臺鐵也無法任用。」

　　王國材過去在擔任高雄交通局局長時，曾經推動高雄市公車處轉型為港都客運，根據他的經驗，透過公司化，臺鐵可以

改變體質，人事、採購都能擺脫行政法規的捆綁，在改革上更能夠大刀闊斧，中華郵政公司、臺灣港務公司及桃園國際機場公司都經歷過。

他不諱言，公司化會對臺鐵帶來很大的改變，員工也感到不安，而這正是目前工會反對，難以推動的原因。「但是即使換了新車，軌道重新鋪好，智慧化系統都建置完成，只要人的心態仍抗拒改變，改革就會難竟其功。」當年，王國材在高雄推動公車處轉型時，也花了整整兩年溝通，消除員工的憂慮，事後證明，轉型才能帶來重生。「抗拒改變是人性，面對改變需要勇氣，」王國材語重心長地說。

如今，又老又窮的臺鐵，已來到改革的十字路口上，未來該何去何從，考驗著政府主管機關與臺鐵人的智慧與勇氣。

簡薦委制

根據《公務人員任用法》規定：「公務人員依官等及職等任用之。官等分委任、薦任、簡任。職等分第一至第十四職等，以第十四職等為最高職等。委任為第一至第五職等；薦任為第六至第九職等；簡任為第十至第十四職等。」

資位職務分立制

出自《交通事業人員任用條例》，適用於交通事業人員任用。所謂交通事業人員，是指隸屬於交通部的事業機構，資位分為業務類（業務長、副業務長、高級業務員、業務員、業務佐、業務士）及技術類（技術長、副技術長、高級技術員、技術員、技術佐、技術士）。

資位制的資深人員薪資雖然較一般公務人員適用的「簡薦委制」為高，但新進人員起薪則較其他公務機關差，轉到其他公務單位時，年資也無法併計。

▲車輛的養護維修，直接影響到行車安全。

從「心」改革，
才能落實行車安全

臺鐵到了該改革的時候，社會大眾也期待改革腳步可以再快一點。臺鐵從制定安全與通報系統、車輛汰舊換新等面向，提升行車安全。但是最重要的，還是「心」的改革。

2020 年 10 月 24 日，EMU900 型通勤電聯車首批新車抵臺，在典禮上，交通部政務次長陳彥伯再次強調安全的重要性，而臺鐵局局長張政源也說：「臺鐵全體員工對安全非常重視，會盡全力把安全工作做好。」

確實，安全改革已經啟動了，但人們對於與生活息息相關的臺鐵，總是有更強烈深切的期許，盼望安全改革的腳步可以快一點，而臺鐵如何痛定思痛，進行安全改革，提供臺灣人一條安心回家的路，社會大眾持續關注。

───── 針對專家建議，訂定改善期程

在臺鐵總體檢報告中，明列 33 項臺鐵行車安全優先改善事項的建議，重點包括：

行車事故系統分析與管理：定期召開會議，研討故障原因與因應對策，綜合調度所應提升為跨部門行控中心，主控行車調整、故障排除及統籌應變處置等。

安全管理體系升級：明確化營運列車不能行駛的條件，並規定列車出車前需經機務人員簽署列車適航證明等。

軌道系統安全：軌道養護應配置不同等級之養護車輛與設備，加強路線整正及提升軌道養護技能等。

車輛及系統機電：檢討主風泵進氣口修改布置方式與效率較佳進氣濾網，檢討 ATP 隔離後之安全措施（包括優化遠端監視系統，增加 ATP 隔離後之限速功能）等。

維修制度：建立維修管理資訊系統（MMIS）控管安全存量與完修時程，直接洽合格廠商採購，並成立研發單位，解決電聯車備品取得不易問題等。

運轉系統：增修規章維護 ATP 異常時之行車安全，修訂列車出庫檢查、異常處置及臨時檢修程序、制度明確發車程序、需司機員排除故障時，落實先停車再進行故障處理之程序，特殊或重大事故案例納入回訓或在職訓練等。

組織效能：成立專責單位，推動安全管理系統（SMS），

以行車安全為基礎，進行人力盤點並補足、加強橫向聯繫，改變各行其是的組織文化，進行組織調整以達企業化及營運安全目標，成立跨部會推動委員會協助推動轉型。

依循總體檢小組的專業建議，臺鐵從導入安全系統、車輛汰舊換新及建立安全文化等不同面向，同步推動改革工作，提升安全。

───導入安全管理系統

臺鐵局副局長杜微分析：「相較於高鐵有營運安全室，推動行車安全管理，臺鐵只有『行車保安委員會』，在事故發生後進行調查，提出檢討。由於該單位是任務編組，委員會成員都是兼職，因此成效有限。」

▲巡視道班及基礎建設工程，是臺鐵局局長張政源（左三）的日常。

事實上，就管理層面而言，臺鐵原有體制中並沒有行車安全的專責單位，因此張政源下定決心，於 2018 年 12 月 11 日以任務編組的方式，成立專責單位「營運安全處」，以專責、專人的模式，分為調查、預防、考核、災防等四科，希望能夠防患於未然，做為四大部門橫向溝通聯繫的機制，藉此打破長期的「穀倉效應」。

　　除了成立行車安全的專人、專責單位以外，張政源進一步成立「安全管理委員會」，提高督管層級，由局長擔任召集人，加上內部委員七人（副局長、運、工、機、電、營運安全處一級主管），更首度引進外部委員六人（交通運輸相關的產、官、學界人士），針對安全議題，進行統整與督管，解決過去球員兼裁判的不合理現象。

　　在營運安全處和安全管理委員會的推動下，臺鐵除了針對總體檢改善事項進行列管、追蹤，檢討重大或有責行車事故案件，還有一個很重要的任務，就是修訂行車安全規章，進而建置臺鐵的安全管理系統（Safety Management System, SMS）。

　　SMS 原是航空界用來打造安全飛航環境的實際做法，涵蓋安全管理必要的組織架構、權責、政策及程序，透過危害識別、風險評估、風險消除等積極作為，預防可能的風險。

　　長期以來，臺鐵內部的安全議題分屬於運、工、機、電四大處，對於危害辨識、風險評估、風險消除的作業程序，缺乏整合機制，杜微透露：「其實運、工、機、電各部門，原本就有安全相關的標準作業程序，只是向來各做各的，散落在各單位之間。」然而，事故發生後，代表臺鐵這套各行其是的安全

▲上下班時間，擁擠的平交道，經常形成安全上的考驗。

防護網完全失靈。

因此，隨著營運安全處的成立，臺鐵也開始著手推動全局的 SMS，並參考交通部運輸研究所針對歐盟、美國、日本、澳洲等國家做法，發展適用於臺灣鐵道營運的 SMS 相關研究成果，於 2019 年 5 月完成撰寫臺鐵版本的 SMS 手冊，進入執行與改善的階段。

杜微坦言，臺鐵車種繁多，作業規章複雜，外人不得其門而入，與其交給外部的顧問公司，協助導入安全管理系統，還不如由內部自行撰寫 SMS，再提交到安全管理委員會，諮詢外部專家委員的意見，加以修正。由於內部彙整資料並加以系統化，需要相當的時間，目前進度已達中期，預計不久之後即可建置完成。

─── **車輛汰舊換新計畫**

臺鐵車輛的老舊狀況飽受詬病。事實上，臺鐵早已發現這個問題，並展開大規模的汰舊換新計畫。

2015 年，臺鐵向交通部提出「臺鐵整體購置及汰換車輛計畫」，相較過去購車較無長期規劃，該計畫預計在十年內，購置城際客車 600 輛、區間客車 520 輛、機車 127 輛、支線節能環保客車 60 輛，總計 1,307 輛新車。

其中，向韓國廠商現代樂鐵（Rotem）採購的 EMU900 系列區間客車，首批總共 20 輛，已於 2020 年 10 月 24 日抵臺，未來將投入臺北都會區的營運行列，後續 500 輛則分三年陸續完成交車。

除了購置新車，臺鐵也從 2015 年開始辦理「鐵路行車安全改善六年計畫」，從事平交道改善、危險路段加裝圍籬及隔音牆、橋梁補強與改建、用地取得，建立邊坡滑動、土石流、強風警報系統，車站、軌道、列車電機系統、無障礙設施、電務設備更新與改善計畫，都與行車安全息息相關。

舉例來說，會構成軌道弱點的木枕型道岔，便是藉由此「六年計畫」及「臺鐵軌道結構安全提升計畫」，逐一抽換成混凝土枕型道岔，抽換完成後，可提升軌道強度，延長使用年限，降低軌道維修頻率及成本，還能增加列車通過道岔的平穩度及乘車舒適感。

另外，從 1979 年臺鐵電氣化第一階段完成開始，至今已超過四十年，線材斷損及設備故障問題層出不窮，容易造成供電中斷，影響列車運轉。因此，臺鐵也從 2017 年啟動「臺鐵電務智慧化提升計畫」，更新號誌、電訊、電車線等基礎設施，並計劃建置第三代中央行車控制系統（CTC），預定在 2024 年全數完成。

再者，為了避免列車上的 ATP 遭關閉，導致超速失控再度發生，2019 年 8 月，臺鐵跟國家中山科學研究院合作開發「限速備援系統」，即使 ATP 遭關閉，列車速度仍然可以控制在 60 公里以下，只要一超速，就會緊急剎車。

這套「限速備援系統」已測試過關，2020 年年底，會先針對普悠瑪號及太魯閣號列車進行 52 套安裝，之後再陸續完成 400 套限速備援系統的安裝。

—— 「心」的改革才是關鍵

　　兩年來的努力，經過臺鐵總體檢小組及安全管理委員會評估後，至 2020 年 11 月底，已經完成 121 項，達成率為 84.02%。從事故的相關數據來看，2019 年重大行車事故為 2 件，較前年同期 7 件減少 5 件，降低 51.14%。一般行車事故為 43 件，較前年同期 55 件減少 12 件，降低 27.27%，至於 2020 年 1 至 7 月的行車異常事件為 340 件，比前年同期 392 件減少 52 件，降低 13.27%，而準點率也逐步提升。

　　然而，看似亮眼的績效與數字，真能代表改革的實況？臺鐵的安全防衛機制，真的都補滿了嗎？

　　2020 年 5 月 19 日，臺鐵北上區間車行經臺中成功路段時，司機員發現碰撞聲，經成功站派員路線巡視，確認為西正線內軌斷裂，並未依照 SOP 向調度員通報，直到調度員自行發現後，才緊急封鎖該路線。時間再往前推，早在 3 月 3 日，就有工班人員發現鋼軌有裂痕，當時以魚尾鈑加固，未及時抽換鋼軌，直到兩個月後才被發現。2020 年 10 月 21 日，正值普悠瑪事故兩週年，斷軌事件讓臺鐵行車安全再度蒙上陰影。

　　若我們直接把臺鐵這兩年來在安全改革上的努力，一筆勾銷，並不公允。事實上，這件事也暴露出臺鐵安全改革最大的難題：「心」的改革。

臺鐵路網遍布全臺，是人們日常生活中不可或缺的交通工具。

───── 建立自主通報系統

「自普悠瑪事故發生以來，臺鐵從組織調整、管理機制的強化，到購置新車、軌道更新、補足人力，陸陸續續都在進行，但是在整個行車安全中，最關鍵的一塊『安全文化』，還是有待補上，」張政源表示。

由於臺鐵每日運行，有不計其數的「現場」，局本部不可能掌握每個現場的狀況，需要依賴基層員工的通報。為了避免呈報過程中遭掩蓋，營運安全處成立後，建置了自主（含虛驚）通報系統，並於 2020 年 4 月上線，不論是單位或個人，都可以透過網頁、電子郵件、電話、傳真等四種方式，以匿名或不匿名的方式，將現場所發現的問題，通報營運安全處調查，營運安全處也會每日查處並彙整上報。

但是，即使有了通報系統，員工們若不使用，導致通報無法落實，依舊會衍生出各種弊端。而當疏失沒有及時被糾正，就會像「破窗效應」一般，第一扇破窗出現後，接著出現更多破窗，直到事態不可收拾。

▲ 主要行駛東部幹線的普悠瑪列車。

當初要建立通報系統，就是因為臺鐵內部報喜不報憂的文化。「臺鐵的優點就是人情味很濃，缺點也是人情味太濃，」一名資深員工透露。正因為人情的包袱重，當彼此的工作出現疏失，或是自掃門前雪，或是視而不見，只希望「大事化小、小事化無」。杜微也透露：「臺鐵以前的安全文化，就是『不出事』。」舉例來說，發生事故後，相關單位進行搶修時，會盡量避免往上通報，這種和稀泥的心態，導致問題無法獲得有效的解決。

──── 安全改革的「阿基里斯腱」

「組織文化很難改變，但是非改不可，」杜微強調，而居上位者的態度也很重要，必須展現決心提供誘因，鼓勵基層員工發現問題，並往上通報，促使組織提出解決方式；另外，安全認知是專業職能的一環，要透過員工訓練強化，特別是新進人員，從一開始就必須培養他們有正確的安全意識。

杜微坦言，安全文化不可能在短期間內說改變就改變，2020 年 10 月爆發的斷軌事件，也再一次證明，員工面對安全議題警覺性不高的心態，正是臺鐵安全改革的「阿基里斯腱」（最大弱點），必須從內部基層做起，徹底建立起安全文化。

另一方面，臺鐵是事業機購，不論推動任何改革，若沒有投入更多資源、人力、物力，結果都只是增加基層員工額外的業務負擔。因此，面對各種新的做法，難免有員工抱持觀望甚至抗拒的態度，也因此成為推動改革的一大阻力。

「臺鐵是百年老店，改革本來就是一場漫長、龐大的工程，」負責督導臺鐵總體檢的交通部政務次長王國材指出，臺鐵的改革無法「打掉重練」，只能「穿著西裝改西裝」，光是硬體設備的更新就需要好幾年，更不要說是根深柢固的組織文化，以及員工心態。

然而，這場改革沒有回頭路，而如何引動「心」的改革，才是臺鐵改革能否成功的關鍵。因為唯有當臺鐵人全體上下真正建立安全文化的意識與責任，並融入自我價值及工作細節中，才能真正落實行車安全，提供臺灣人一個安全又安心的鐵路運輸環境。

整合「運、工、機、電」
建立安全文化

　　過去臺鐵四大部門「運、工、機、電」缺乏整合機制，無論是推動業務或處理行車安全事件，權責關係不容易釐清。成立營運安全處之後，擔起協調統整之責，逐步建立臺鐵的安全文化。

　　臺鐵鐵道運輸的行車安全，有賴於運務處、工務處、機務處、電務處四大部門合作無間，缺一不可。

　　營運安全處（簡稱運安處）處長陳仕其用列車飛馳於軌道上的畫面來形容：列車本身是「機」（車輛、司機員），下方連結著「工」（軌道、橋梁），上方連結著「電」（電氣通訊、號誌），而列車之間的調度，則是靠「運」來維繫。運、工、機、電任一環節出現疏失，都會對行車安全帶來風險。

　　2018年10月，行政院對臺鐵進行總體檢，因應改善事項，運安處也正式成立，其業務橫跨運、工、機、電，需居中協調四大處，而處長則經常要扮演和事佬的角色，如果不夠份量，很難服人，這個重責大任，則落在副總工程司陳仕其身上。

▲提升平交道的安全，能有效降低事故發生。

──── 居中扮演協調者

　　過去，運、工、機、電四大處因為缺乏整合機制，如果推動某一項涉及兩個處以上的業務，權責關係不容易釐清，因為同屬一級單位，誰也管不動誰，業務很難推動，自從運安處成立後，除了可以出面溝通協調，甚至扛起主辦責任。

　　陳仕其舉例，普悠瑪事件後，臺鐵的 ATP 遠端監視系統遭到檢討，由於原系統不利於調度員判讀，因此必須進行系統優化作業，至於應該是由開發者（電務處），還是使用者（機務處、運務處）來主辦，卻難有共識，最後就是由運安處負責主辦。

　　在運安處協調、處長陳仕其親自開了好幾場會議後，終於促成 ATP 遠端監視系統更新，並於 2019 年 4 月底正式啟用，相較於原版本，新系統採用顏色進行區分，ATP 正常使用為綠色，遭關閉變成紅色，調度員可以一目瞭然，如果發現異常，立刻利用電話詢問司機員，並要求依照程序重新啟動，有效掌握列車 ATP 狀態。

　　「因為運安處需要扮演協調者的角色，如果不懂大家的專業，就很難對話，」陳仕其坦言，即使自己在臺鐵歷練多年，要摸熟運、工、機、電每個領域的專業，仍是不小的挑戰。以他自己來說，雖是土木工程出身，還是得下功夫研究，才能跟負責火車維修、號誌、保安設備等業務的同仁溝通，更不用說處裡其他資歷較淺的同仁，更需要耗費心力深入了解各處專業知識，才能擔負起良好的「溝通」及「轉譯」角色，協助組織中的橫向單位互助合作。

「因此，我經常鞭策自己也勉勵同仁，要不斷學習，充實不同領域的專業，才能真正建立起臺鐵的安全文化，」這也是陳仕其擔任處長後的一大心得。

——以零重大事故為長期目標

做為臺鐵改革的第一砲，運安處能發揮多少功能，外界都在觀察，陳仕其自然承受了不少壓力，但令他欣慰的是，運安處成立之後，不論重大行車事故、一般行車事故，以及行車異常事件，都比前一年減少許多，而且運、工、機、電的同仁們也更關心安全的議題，看到其他單位有需要改善之處都會主動提出，不再事不關己。

「追求零重大事故是我們長期的目標，」陳仕其表示：「除了營運安全處的努力之外，更需要全體同仁共同努力，臺鐵才能真正建立安全文化，落實行車和旅運的安全。」

張政源則認為：「打造安全的軌道交通，是臺鐵全體上下一致的信念與堅持，安全績效來自於安全文化，安全文化需以技術、安全管理系統及組織三大支柱建構而成。」

▲張政源局長（上圖右一、下圖前）巡視道班維修設備及養護材料的狀況。

臺鐵應該從過去的錯誤中學習，型塑出學習文化；並透過凝聚員工向心力，打造符合共同價值的公正文化；進而讓員工能養成自主、迅速、正確的回報習慣，深耕確實的報告文化，一步一步構築出促進溝通、安全議題的行動文化，如此才能將安全理念融入組織文化，真正落實改革。

chapter

2

打造企業化組織

德國管理學家威爾弗瑞德·克魯格（Wilfried Kruger），
曾提出「變革管理冰山」（change management iceberg）理論，
克魯格認為：決定變革成敗的，
其實是潛藏在冰山底下、超過 90%，
在變革過程裡負責執行和推動的員工，
他的態度與行為，將深刻影響變革成效，
因此，要推動一場成功的改革，從調整組織開始，十分重要。

顧本業衝附業，設立專責單位

　　虧損是臺鐵的宿命，如何開源將是逆轉勝的重點。張政源回到臺鐵後，成立資產開發中心與附業營運中心，希望衝刺營收，讓臺鐵擺脫不賺錢的陰影，重新成為臺鐵人的驕傲。

　　「你無法掌握變化，唯一能做的是走在它之前，為變革催生。」管理大師彼得・杜拉克如是說。

　　交通部臺灣鐵路管理局（簡稱臺鐵）成立於 1948 年，甚至可以回溯到 1887 年，劉銘傳所設置的全臺鐵路商務總局。悠久的歷史雖是臺鐵的資產，卻也導致員工因襲守舊，安於現狀，加上員工超過萬人，組織龐大，十三個編制單位中，最主要的單位分別是運務處、工務處、機務處、電務處四大處，各

有各的專業，也容易各自為政，難以整合，一旦發生事件時，並不容易確切釐清疏失責任。

　　附業經營上也是一樣。早期臺鐵有貨運服務總所，提供貨運承攬業務，隨著城際運輸的競爭與私人運具的發展，貨運量衰退，原本的倉儲空間轉為資產租賃，周邊閒置土地也一併規劃招租。2000 年代，臺鐵開始在車站閒置空間招商，一路延伸發展到如今結合商場與美食廣場的車站型態。

　　組織改革前，與資產開發相關業務，分屬於貨運服務總所、四個服務所（臺北、臺中、高雄、臺南），負責土地、房地、停車場、商場廣告等出租，以及企劃處（負責土地管理及長期租賃），若廠商有與臺鐵合作的需求，往往不知道該找哪個部門，而臺鐵也因為自身組織體質的緣故，在資產活化與開發的領域有待加強。

　　餐飲服務則相對單純。自 1960 年成立「小營」部，負責銷售台鐵便當，後更名為「小營服務所」、「餐旅服務所」，2004 年才正式升格編制為「餐旅服務總所」，管理服務、便當及旅遊相關業務。

▼「2020 軌道經濟成果展」讓民眾深入了解未來車站全新生活型態與發展趨勢。

　　2018 年 11 月 9 日，交通部政務次長張政源接任臺鐵局局長。張政源是臺鐵基層出身，經歷交通部觀光局駐紐約臺北經濟文化辦事處觀光組主任、臺南市交通局局長、臺南市副市長、交通部政務次長等不同職務，重返臺鐵，他的任務就是要為這個百年組織興利除弊。

「我雖然是臺鐵人出身，但是離開了一段時間，再回來看組織內部的問題，看得比較清楚，」張政源坦言。因此上任後不到兩年，在「顧本業、拚附業」的大方向下，迅速成立三個任務編組單位，希望能統整相關業務，設立專責單位，以企業化經營為核心精神，進一步改善臺鐵的體質。

張政源在臺鐵內部推動的企業化組織改革，可以分為兩大方向，短期目標包括提升行車安全、提高組織運作彈性；至於長期目標，則是推動主業及提升附屬業務收入的雙核心業務，並促進運輸本業的永續發展。

第一步，從安全管理下手，成立營運安全處，做為臺鐵營運及行車安全的專責單位，人數也從兩個單位的二十多人，擴編後成為四十多人，展現臺鐵強化營運安全的決心，也希望透過層層把關，達到零重大事故的目標。

─── **資產開發中心，活化土地利用**

第二步，則是在 2019 年 3 月 1 日成立資產開發中心，緊接著在 4 月 15 日，附業營運中心也掛牌，跟營運安全處一樣，這兩個單位也都採取任務編組。

臺鐵本業是運輸，以車票販售為主要收入來源，占比八成，另外兩成為附業收入。然而，臺鐵票價二十多年未漲，基於政策責任，長期維持偏遠或不符成本效益的路線與車站公共服務，導致財務虧損。

運輸本業的財務不易翻轉，只好另闢開源之道，增加附業收入。張政源指出，國際上許多鐵道公司都是以發展附業來增

加收入，譬如日本國鐵本業和附業的收入比例，表現最好的狀況大約是二比八，剛好跟臺灣相反，可見臺鐵的附業收入還有很大的成長空間。

資產開發中心成立之後，設置開發、物業、業務等三科，辦理不動產開發及土地、房地、停車場、商場廣告等出租活化業務。首任總經理顏文忠目前擔任主任祕書，他表示，臺鐵在許多縣市的「蛋黃區」都擁有不少土地，透過都更、促參等方式，有機會創造出千億元資產。

不過，土地開發時程長，從前期接洽到最後營運上軌道，可能長達三、五年，因此，既有商場、土地的活化，對臺鐵來說，也是資產開發收益的重要來源。

以臺鐵 26 個車站、31 個據點的超商經營權為例，臺鐵一改前例，放寬限制，允許車站超商在站內從事代收業務，還可以設置店中店，販售關係企業的商品，提高廠商的獲利空間，最後由全家便利商店以高於前約兩倍租金的金額拿下經營權，租金翻倍成長。

事實上，根據中華信用評等股份有限公司 2019 年的評比資料顯示，臺鐵長期信用評等為 twAAA，主辦分析師認為，臺鐵肩負國家交通政策性，雖然凍漲票價，但一直維持路線正常穩定經營，並積極提升營運效能，而且車站坐落位置具便利性，周邊土地開發有潛在效益，加上近年來政府支持臺鐵提升硬軟體設備，嶄新的車隊與站體，都有助於提升周轉效率與經營績效。

由此可見，臺鐵雖然財務狀況不佳，但體質良好，若能善

用資產進行開發與活化,並加速附業品牌化及鐵道旅遊的經營績效,對改善財務狀況必有助益。

───附業營運中心,挖掘品牌商機

除了土地資產,臺鐵還有一隻小金雞母,就是台鐵便當。

大約十年前,臺鐵就意識到便當事業的商業潛力,相較於運輸本業,便當毛利高,可以增加營業收入,因此擴增餐務室,設立製作鐵路便當的廚房,同時也在臺中、高雄等流量大的車站,增設新的便當本舖,方便沒有買票進站的消費者,也能享受經典美味的台鐵便當。

隨著廚房與販售據點增加,加上利用在地食材製作的「特色便當」,銷量直線上升,近兩年來,台鐵便當營收都突破七億元,被媒體形容是「被火車耽誤的便當店」。不過,台鐵便當一直採自製自售的模式,始終走不出車站,因此附業營運中心一成立,就透過加盟、授權等方式,接下擴大台鐵便當市場的重責大任,並推動文創商品、開拓鐵道旅遊商機。

從數字上來看,2019 年臺鐵營收達到 253 億元,其中附業收入為 50.95 億元,附業收入占本業比,較前一年成長 2.57%,逐步朝向張政源「五年內附業營收翻倍」的目標邁進。

2020 年上半年,受到新冠肺炎疫情影響,列車上禁止飲食,台鐵便當銷量也受到打擊,從每天賣出兩萬八千個便當,一度萎縮到一天只賣一萬一千個,所幸附業營運中心成功與全家便利商店合作,授權台鐵便當品牌,推出聯名鮮食商品,在營收上扳回一成,也算是一種「超前部署」。

▲松山車站不但是重要轉運站，也帶動周邊商圈升級。

——用溝通化解抗拒

推動變革不易，尤其在歷史悠久的組織內，更是一個艱鉅的任務。張政源主導成立的幾個新單位，雖是任務編組，但已經對內部造成極大的衝擊，「臺鐵的組織很少變動，張局長上任後，算是變動幅度最大的一次，」一名資深同仁透露。

由於新成立的單位整併了原來分屬不同部門的業務，難免有同仁在職務調整後，會因為工作量增加或是工作地點改變，認為自己的權益受到影響，而心生抗拒。另外，由於這些新單位是任務編組，沒有主管加給，也會影響同仁加入的意願。

「人性總是抗拒變動，反彈在所難免，」張政源強調，面對阻力，別無他法，就是要耐心溝通、說服同仁，變革的目的是為了讓臺鐵變得更好。隨著改革的效益逐漸展現，雜音自然就慢慢消失。

而組織的變革，也為內部同仁帶進不一樣的思維，最明顯的例子就是附業營運中心，從原本只是單純做便當、賣便當，開始有品牌思維，對外談授權、加盟，算是極大的突破與躍進。

普悠瑪事件後，張政源臨危授命，在他的銳意改革下，臺鐵這個百年老店，能否展現更多新氣象，值得拭目以待。

資產開發中心 臺鐵開源的火車頭

看到改變的契機，就看到希望

　　臺鐵有環島路網，共 241 個車站，車站是人潮聚集之處，而人潮就是錢潮。成立專責單位，整合開發事務，並積極投入資產活化與土地開發計畫，臺鐵應該「錢」景可期。

→

　　1978 年，臺灣第一條高速公路「中山高速公路」通車，北起基隆，南到高雄鳳山，島內運輸變得更方便，也從那時開始，臺鐵長期獨占的城際客運市場面臨極大的挑戰，而「財務虧損」四個字也成為臺鐵至今擺脫不了的困境。

　　顏文忠指出，直到 2019 年為止，臺鐵累積虧損帳列 1,175 億元，向銀行借款約 1,293 億元。但是在城際大眾運輸市場上，臺鐵得面對高鐵、客運等競爭者，光靠運輸本業很難扭轉逆勢。

　　從客群來看，高鐵主要以商務族群為主，客運則是旅遊或返鄉族群，臺鐵除了旅遊及返鄉者，通勤上班族也不少，這群民眾天天搭臺鐵往返住家及工作地點，對票價敏感度高，一旦反映成本、調高票價，勢必造成抗議聲浪。

　　此外，臺鐵隸屬交通部，是事業機構，雖是營業單位，但

必須肩負起社會責任。不但票價難漲，許多小站即使入不敷出也無法裁撤，造成人力負擔，鐵道養護維修工作也少不了，是臺鐵無法精簡組織、純服務性質的歷史包袱與責任。

─── 準備好迎接改變來臨

顏文忠是成功大學交通管理系畢業，1985 年進入臺鐵，從基層站長做起，一路從三等站做到特等站，當了十六年站長，他知道臺鐵長年虧損，但是卻使不上力，只能乾著急。

2005 年，顏文忠利用工作之餘，報考母校企管碩士在職專班，口試時，教授問他：「為何不報考交通研究所？」顏文忠認為，從臺鐵工作的實務經驗來看，他認為臺鐵有兩大問題，一是管理，一是財務，因此他需要加強企管領域的財務規劃、管理等知識，最後成功說服教授，並順利錄取。當時，顏文忠並不知道自己有沒有改變臺鐵的機會，但是他相信，機會來臨之前，一定要先準備好自己。

2013 年起，顏文忠陸續經歷了運務處副處長、材料處副處長，2018 年出任貨運服務總所總經理。2018 年張政源上任局長後，為了推動資產活化，於 2019 年 3 月正式成立任務編組的資產開發中心，顏文忠銜命擔任首任總經理。接下這份工作後，顏文忠說：「當時我就想：改變的機會終於來臨，臺鐵資產開發應該有更大的發展機會，實在沒有理由賠錢，甚至可以這麼說，臺鐵『錢』景可期。」

首先，臺鐵有環島路網，全臺 241 個車站，是人潮聚集之處，而人潮就是錢潮，尤其是臺北、松山、新烏日等一級城市中心車站的商場，都經營得非常成功，光是收租金就十分可

觀。其次，臺鐵在全臺灣都有可開發的資產，將資產放入資本市場中，能帶進長期穩定且大量的收入。如果能夠充分掌握這兩大優勢，對資產進行有效運用，對於財務絕對助益良多。

──整合四個單位的業務

可是，臺鐵身為國家事業機構，無論在組織或行政流程上，都無法如民間土地開發公司般靈活彈性，臺鐵過去雖然也一直在做資產開發，但大多數鎖定在停車場委外營運，或者一級車站商場空間租用及委外營運等等。

在內部組織上，與資產相關業務分散於餐旅服務總所、貨運服務總所、企劃處開發科（負責大型土地開發）與地權科（小型土地租用）等四個單位，事權分散，不但增加溝通成本，而且行政效率不彰。「成立資產開發中心，就是把這四個單位相關業務整合為一，不再多頭馬車，為現有資產進行更有效的管理，」顏文忠強調。

舉例來說，臺北車站停車場分為地下東、西區，以及地上西區，以前都是分開招標，顏文忠上任後，正好租約到期，必須重新招標，就決定統合成一個標案。他的想法是，三個標案合而為一，可以避免廠商削價競爭，而且經濟規模較大，廠商會願意投入成本，改善設備。事實證明，到了第二標時，租金已是原本兩倍多，而且硬軟體設備提升，不但臺鐵、廠商各蒙其利，消費者也獲得更好的停車環境，可說是三贏局面。

類似例子不勝枚舉，同一個場域、同一個標的，因為策略不同，就能拉高價值，這也是為什麼資產開發中心成立後第一年，即使打掉一千六百多萬元的呆帳，業績仍成長 9%。

▲板橋車站人潮眾多，商機無限。

▲南港車站擁有全臺灣最大的車站百貨商城。

───喚起臺鐵人的使命感

從內部員工心態來看，改變既有的工作模式，勢必增加許多工作上的負擔與心態上的不安。顏文忠坦言，組織改革就是一種改變，內部生態難免受到影響，也一定會有人心存疑慮，或者採取消極不合作的態度，甚至提出各種問題，藉以反映及證明改革不可行。

「面對抗拒改革的同仁，我的做法是消除疑慮，告訴他們非做不可的理由，」顏文忠透露，臺鐵若不痛定思痛，從內部啟動改革，照目前這樣繼續虧損下去，遲早有一天，仍會成為被改革的對象，屆時員工勢必面臨更大的衝擊。

「特別是那些年輕的新進同仁，他們一進臺鐵，形同身上就揹了債務，」顏文忠有感而發：「我們這些老臺鐵人，即使已屆退休年齡，還是很支持推動改革，這是出於一種使命感，我希望交棒到新一代臺鐵人手上的，是一個看得到未來的臺鐵。」

「因此，我樂見並接受臺鐵出現改革契機，更願意成為推動改革的一股力量，因為有改變，就會有希望，」顏文忠興奮的語氣中，難掩對臺鐵的期待。

附業營運中心 喚起人們美好回憶

讓台鐵便當走出車站

臺鐵擁有近一百三十四年歷史，緊緊牽動著臺灣人成長的回憶。附業營運中心成立後，推動鐵道旅遊，將台鐵便當品牌化、開發文創商品，要讓臺鐵重新成為人們不可或缺的日常。

⟶

2020 年 5 月 20 日，台鐵便當授權全家便利店，以經典「滷排骨」為主題，推出「滷排骨雪菜炒飯」、「滷排骨乾拌麵」等八款鮮食，這是臺鐵商品首次跨出車站，幕後推手是臺鐵局局長張政源從觀光局挖角，2020 年 1 月 16 日才走馬上任的附業營運中心總經理林佩君。

林佩君過去的公職生涯多在觀光局服務，原任觀光局資訊室主任，張政源找她進臺鐵，希望她能發揮所長，推動便當、文創商品、鐵道旅遊等商機。「我是空降的主管，這個身分其實是把兩面刃，」林佩君坦言：「但也因為我從外部過來，沒有什麼負擔，反而可以衝撞出不同的可能性。」

─── 從加盟轉向品牌授權

張政源對附業營運中心的期待有三項，其一是台鐵便當加

盟，讓更多人不用進入車站，也能吃到記憶中難忘的美味；其二是因應交通部 2022 年鐵道觀光旅遊年，臺鐵也將投入推廣鐵道旅遊的計畫；其三則是運用臺鐵品牌改造，或者未來購新車、改裝舊車的計畫，推出文創商品，將臺鐵品牌化，讓更多民眾親近、甚至將與臺鐵共創美好回憶，透過商品保存下來。

林佩君就任附業營運中心總經理之後，除了投入擅長的鐵道旅遊，著手短、中、長期規劃之外，也開始研究台鐵便當加盟的可能性，進行分析與市調後，林佩君認為：短期內並不容易達成目標。

「臺鐵是事業機構，要考慮的事情比民間企業多，想找加盟商，對方必須具備生產和販售的能力，還要通過嚴格的衛生標準。此外，不只是會做便當，也要有通路可賣，所以想找到符合標準的加盟合作廠商，並不容易，」林佩君解釋。

考慮到空降主管的「蜜月期」有限，林佩君自知必須盡快做出具體成績，才能說服更多同仁支持並投入改革，而她認為，比較容易在短時間內獲得成效的策略是談授權。

不過，一開始談授權，其實也不順利，陸續跟兩家知名速食業者洽談，結果並不如預期。後來輾轉透過媒體友人介紹，得知全家便利商店有製作熟食的部門，接觸後一拍即合，在很短時間內就敲定了產品上市的時間。

─── 消弭內部同仁的疑慮

外部合作順利展開，內部卻對便當授權產生強大的反彈，質疑台鐵便當是自家珍貴的品牌資產，是臺鐵與社會大眾長久

▲ 2019 年鐵路便當節邀請藝人黃子佼（左一）及阿喜（右一）擔任主持人，並邀請劉克襄（右二）擔任嘉賓，與局長張政源（左二）暢談記憶中的台鐵便當。

以來共同的回憶，怎可如此輕易授權。或是擔心當消費者在車站外都買得到台鐵便當，會衝擊站內通路的銷量，影響銷售獎金，甚至有主管為了表達態度，故意缺席授權會議。

即使林佩君再三保證，跟全家合作的是便當元素，而不是做百分之百相同的產品，也不會放到車站通路販售，還是沒有完全消弭同仁疑慮。所幸召開授權會議的主任祕書顏文忠十分支持，這才說服各單位主管投下同意票。

台鐵便當授權的新聞，吸引到不少媒體曝光，算是打開成功改革的第一步，也讓內部同仁知道：「改變並不困難，結果也沒有如想像中恐怖，反而會得到許多支持與鼓勵。」

不過林佩君知道，很多臺鐵人心中還是五味雜陳，無法盡除疑慮，但是推動改革的力道不能停下來，同仁們好不容易燃起的動力不能熄滅，趁著 6 月開始疫情趨緩，車廂內飲食解禁，附業營運中心推出七款特色便當，還盛大舉辦特色便當發表會，安排主廚們手捧便當、身穿大廚制服，在鏡頭前亮相，為的就是將台鐵便當的光環，重新回歸到臺鐵人身上。

「透過這樣的活動，我們希望讓同仁知道，附業營運中心並沒有因為尋求外部合作而忽略了他們，」林佩君強調。

「附業營運中心應該是整個臺鐵最有趣的地方,可以嘗試的東西很多,」林佩君總結半年的工作心得。她認為,臺鐵有百年歷史、環島鐵路,有豐富的文化底蘊,還可以成為遊客發現臺灣大城小鎮之美的最佳載具,故事多到說不完。因此,除了台鐵便當,一定還有許多元素可以發展成 IP,只要善用故事行銷,就能發展出更多商機。

不過,她也不諱言,臺鐵內部作風還是比較保守,同仁多少抱持「少做少錯」的心態,主事者是否有開創新局的魄力,以及承擔責任的勇氣,將會是附業營運中心未來能否更上一層樓的關鍵。

回顧臺鐵在組織改革上的作為,受限於現行公務機關體制,從人事到預算,處處有法令限制而難以施展,目前雖用任務編組的方式,做為強化行政效能的強心針,然而成效仍有待觀察。以附業營運中心來說,即使有了編制單位,卻也面臨行銷人才不足的窘境。未來若能朝向靈活彈性化的發展,解除用人的法令綑綁,引進非公務員出身的管理人才,或許能真正帶來不同的新氣象。

什麼是 IP?何謂授權?

所謂 IP 就是 Intellectual Property,即智慧財產權,指創作者運用智慧創作出來,有經濟及商業價值,法律上予以保護的一種權利。

IP 授權則是指原創者將創作品使用的權利,譬如品牌圖像,交給不同的合作廠商,進行商品化或宣傳行為,進而收取權利金的一種行銷方式。

chapter

→

3

改善旅運經驗

如何才能獲得一趟美好的鐵道之旅？
從訂車票開始，走進車站、坐上列車，
感受便利、舒適與安全感。
到了目的地，車站建築與在地文化及物產的連結，
讓遊客還沒開始玩，就沉浸在當地獨特風格中，
這種種美好的旅運體驗，都是近年來臺鐵改革的重要目標。

開啟一趟美好的旅程

　　老一輩的臺灣人，都擁有屬於自己的火車故事和回憶。時至今日，雖然溫暖人情難以比擬過去，但是火車之旅依舊是許多旅人安排行程的首選。

　　作家吳念真曾在〈八歲，一個人去旅行〉文章中提到，八歲那一年，他不顧親友勸阻，隻身搭火車前往宜蘭姨婆家，這是他生平第一次獨自旅行，雖然有點擔心害怕，但車窗外的風景、沿途補眠的小販、微笑的老婆婆，透過與陌生人真實的互動，彼此取暖、安慰，一場火車旅行收獲滿滿人情味，也成為他對鐵道的人生記憶之一。

　　一趟美好旅程，始於訂票，中間從上了火車的乘坐體驗、下車後的車站巡禮，直到進入當地文化地景，臺鐵試圖營造的，不僅僅是往返兩地的載具，更在於舒適愉悅的旅遊體驗，而這也是臺鐵兩年來投入改革旅運服務的初衷。

　　試想一個情境：出發前，先用手機上的「台鐵 e 訂通」APP訂票，儘管假期當天乘客較多，直達車票已經賣完，系統還是自動用分段方式買到票，甚至可以選擇座位要靠窗或靠走道。買完票後，直接用手機分票，順便幫每個人訂了台鐵便當。

▲火車經過鄉間稻田，悠閒的度假氛圍令人著迷。

出發當天，使用電子車票進入月台，車廂門準確地停在指示位置上，上車後一路平順，少有顛簸震動。沒過多久，穿著筆挺制服的列車長來查票，他並未驚動正在熟睡的旅客，而是拿著 PDA 核對乘客特徵。

到了目的地，改建後的車站造形非常有特色，明亮舒適的車站大廳，即使呆坐著等車也舒服。站內的商店中，展售具當地特色的點心與文創小物，很適合當伴手禮。而這趟舒適旅程的背後，代表著臺鐵人近年來致力投入改善服務的成果。

───軟硬體雙管齊下，改善旅運服務

「旅運改革是目前臺鐵最重要的任務之一，」臺鐵局局長張政源說：「不過穿著西裝改西裝真的不容易。」

這套西裝臺鐵一穿就是一百多年，雖然中間陸續改過幾次，不過跟捷運、高鐵這些新軌道建設相比，無論在車輛、車站等硬體服務，或是軟體服務，都有落差。因此，張政源上任後決定啟動改革，從鐵路運輸中的人、車、路等三大面向，全部動起來。

首先推出第四代票務系統，提供快速便利的購票服務；售票人員、列車長及司機員的服務素質，也透過教育訓練不斷強化。此外，過去鐵軌上因為焊點和木質枕木帶來的顛簸搖晃，將全面更換為 PC 枕，穩定耐用，增加安全性；接下來幾年，向國外購買的新車則會陸續上路，張政源說：「雖然改革需要時間，但是我們一直在進步。」

為了讓乘客有一趟安全的旅程，臺鐵「軟硬兼施」。軟體部分從提升工作環境做起，尤其是運務人員，無論是休息或工作環境，跟過去相比都有明顯提升，「我們必須提供舒適的空間，讓司機和車上的運務人員可以好好休息，」張政源表示，員工專屬的生活津貼福利也陸續到位，希望提振工作士氣，進而反映在對旅客的服務上。

　　在硬體上，積極整頓運務、機務、工務、電務等四大系統，改善路況、降低行車事故比例，接下來部分路段的鐵道會截彎取直，新車也會陸續報到。從數字上來看，2019 重大行車事故及一般行車事故創下近十年來的新低紀錄；2020 年 1 至 7 月的行車異常事件為 340 件，較 2019 年同期減少 52 件，降低 13.27%，可見過去努力的成果，如今正一點一點浮現。張政源說：「只要改革的腳步持續前進，旅客一定可以感受到臺鐵與過去不一樣了。」

從訂票開始，提供便捷服務

　　數位化時代來臨，臺鐵投入第四代票務系統的開發工作。秉持使用者與顧客導向的精神，引進外界專業團隊，參考使用者需求，並邀請消費者進行測試，提供使用經驗，做為優化的參考依據。

　　「以前上臺鐵網站，真的不是件愉快的事，」因為常出差工作，需要上網訂火車票的小莊分享，過去臺鐵網頁介面老舊、速度慢，而且不容易使用，從臺北到花蓮，如果直達對號票售完，要分段購買必須不斷進出網頁，嘗試哪些路段有票，如果最後買到票倒還好，「最怕忙了半天仍是買不到票，真的很無奈。」

▲第四代票務系統頁面。

　　「不過 2019 年臺鐵第四代票務系統上線之後，這種問題就很少發生了，」小莊說，譬如最近疫情後出遊，直接上「台鐵 e 訂通」APP 訂票，直達座位票賣完了，系統就自動分段找空位媒合，還可以選車廂、座位靠窗或靠走道、訂便當，「買完後直接分票，當天大家各自用 QR-CODE 進站，」小莊開心地分享，這些動作可以在兩分鐘之內結束，上臺鐵訂票已經不用如臨大敵地做好事前準備，只要有手機就能搞定。

▲隨著數位化時代來臨，如今現場購買火車票的遊客人數已日漸稀少。

「我們深知民眾的感受，一直想改訂票系統，」臺鐵資訊中心主任邱榮華表示，臺鐵組織龐大，光是每天上線運作的資訊系統就有 76 套，再加上多數系統使用年限已久，跟基層作業流程綁得太深，無法像一般企業能一步到位馬上改好。

──引進外界專業提升開發效能

臺鐵第一代票務系統僅提供現場售票，乘客必須到車站售票口排隊購買；80 年代開放電話訂票，每逢年節，凌晨十二點開始，所有人狂打電話；2005 年，第三代票務系統上線，民眾終於可以上網購票，「不過第三代系統也用了十幾年，因此從 2014 年，內部就決定升級票務系統，」邱榮華說。

負責升級票務系統的資訊中心，同時也是負臺鐵內部人

資、差勤、薪資系統的主責單位，因此，將過去需要自行開發的大型系統改由委外，借助外部專業力量提升效能，降低人力成本。第四代票務系統就是交由中華電信開發。

開發前，臺鐵和中華電信先對外部旅客及內部需求單位（即運務處員工）進行調查。以消費者來說，多半希望改善購票流程，方便買票；內部則對系統自動劃位、購票防弊及現場查位等功能特別在意。

─── **導入智慧化票務系統**

因此，臺鐵的第四代票務系統中，最重要的是加入智慧化功能，改善第三代系統高度仰賴人工，流程繁複拖慢速度的缺點，讓售票作業快又準，同時也更有彈性。

臺鐵運務處處長張錦松舉例，以劃位功能來說，升級後的功能不但能提供分段媒合座位、顯示座位資訊，讓民眾可以按照自己喜好挑選。在特殊狀況下也能快速調度座位，「譬如疫情期間，我們可以設計成梅花座，系統會按照設計不賣空位的車票，做好社交距離管理。」

此外，年節期間花東車票特別難買，返鄉遊子回家之路難行，過去雖然會加開花東返鄉專屬列車，但還是無法完全禁絕其他縣市的乘客登入購票。「現在新系統的配套措施，是在網頁購票時，先檢驗輸入的身分證字號是否為花東居民（或為一等親），才能繼續接下來的購票流程，」張錦松說。

至於民眾最厭惡的黃牛問題，運務處也研發出配套措施。譬如一組身分證字號，每一乘車日最多只能買六張車票，退票

▲列車長手持的 PDA 中，可以看到第四代票務系統提供的乘客購票狀態。

▲列車長親切地關懷旅客，並協助解決問題。

或未繳款的座位，統一在隔天中午十二點釋出，不再像之前隨退隨釋，黃牛可以透過電腦程式快速訂位。

張錦松坦言，現行的配套措施不可能百分之百杜絕黃牛，有心人士還是有辦法破解，「但破解要付出高額成本，透過提高黃牛不法收入的付出成本，來降低其意願，希望讓使用正常購票方式的民眾都能買到票。」

─── 雙鐵合作取代競爭

除了防弊，便利性也是第四代票務系統的重點。新系統增設「台鐵 e 訂通」APP，民眾可透過手機購票，並轉換成電子車票。「這款 APP 非常受歡迎，自 2019 年年中上線至今，透過 APP 訂票的比例已經有 30%，」邱榮華預計未來還會緩步增加。

建置新系統時，臺鐵也拋開本位主義，擴大與外部交通系統的連結，譬如高鐵。過去，臺鐵、高鐵都是軌道業者，難免有競合關係。不過畢竟都是國家的重要運輸事業，攜手合作才能創造出多元價值。因此第四代票務系統已能與高鐵網站連結，兩邊網站都可以買對方的票券，讓雙鐵緊密連結。

▲邀請乘客測試第四代票務系統，並提供建議。

▲售票人員熱心地提供乘客諮詢服務。

───── 增設查票及回報功能

除了乘客之外，臺鐵內部人員如車站票口售票人員和列車長，也是高度使用票務系統的一群人，因此，第四代票務系統也強化了內部使用介面與功能。

以票口售票人員來說，「其實臺鐵早有第四代票務系統分段媒合售票的做法，售票員透過系統看哪些路段有座位，主動幫乘客配票，不會一句『沒位子』就把乘客打發走，」張錦松說。手動做法增加售票員的工作量及作業時間，也增加乘客排隊購票時間，因此，第四代票務系統智慧劃位功能上線後，售票員可以一鍵搞定，挪出更多時間為民眾服務。

至於列車長，則是主要使用票務系統進行查票，張錦松解釋：「查票是列車長的重要職務，過去都是逐位查驗，作業流程緩慢，而且會打擾到乘客。」對此，第四代票務系統特別增設功能，列車長可以從配發的 PDA 中，了解乘客的基本資訊及購票票種，再視狀況抽查驗票。「若乘客正在休息，列車長可從系統記載得知該位置是買全票或特殊票種，假設是敬老票卻坐一位年輕人，列車長就會要求驗票；反之，若基本資料符

合，就不會打擾他。」此外，PDA 設備也有回報狀況功能，例如車廂座椅損壞或是某處有髒汙，列車長都能透過 PDA 通知維修或清潔人員前來處理。

為了與時俱進，第四代票務系統也導入大數據概念，累積每日的售票數據，善用人工智慧演算法，分析每個乘車日的搭乘狀況，做為車輛調度的參考。而臺鐵過去多以經驗法則制定車班，未來有了大數據參考，可以使調度模式走向科學化，策略制定將更加精準。

──落實顧客為本位，邀集民眾參與測試

第四代票務系統自 2019 年 2 月 21 日先開放團體票訂票，獲得許多正面好評。在同年 4 月 9 日開放預訂 4 月 23 日個人票之前，臺鐵史無前例地邀請專家學者及一般民眾，進行壓力測試，蒐集民眾使用意見，做為系統優化的改善方向。

「這可說是第一次，臺鐵以顧客使用為導向推出新系統，擺脫過去以供給為導向，直接上線新系統開放使用，」張政源表示，這項體驗活動自 3 月 18 日至 29 日，同步於全臺灣四大車站：臺北、臺中、高雄及花蓮設計體驗專區，民眾在專區實際運用新票務系統進行體驗，了解各項便利功能，吸引不少鐵道迷及一般民眾前來測試。

張政源分享：「不僅舉辦壓力測試，在設計第四代票務系統介面時，我們也請教美學小組的經驗，希望介面能美觀且便利性高，為使用者帶來愉快的訂票體驗。」第四代票務系統的推出，也代表臺鐵落實以顧客為本位，實現人本交通的精神，讓「訂火車票」這件事成為開啟美好鐵道旅程的第一步。

上車那一刻起，感受舒適經驗

　　機務工作對乘客來說，或許難有切身感受，但若機務機制沒有拴緊螺絲，就會對行車安全造成風險，尤其是人員訓練及維修檢驗工作必須落實，一線人員對乘客的服務必須完善貼心，才能打造舒適的乘坐經驗。

　　從組織來看，臺鐵運、工、機、電四大處，肩負起運輸本業的主要業務。對乘客來說，與客貨運、票務及車站相關，屬於運務範疇。與各型動力車、客貨車相關的編組與調配、檢修維護、設備改善等工作，則屬機務範圍。

　　近兩年來，臺鐵啟動各項改革，尤其駕駛人的訓練與列車維修，更是重中之重。臺鐵機務處處長陳詩本就說：「透過機務系統的改革，我們希望提供民眾安全可靠的乘車體驗。」

──增補人力，加強教育訓練

　　首先必須解決的，是列車駕駛人力不足的問題。高鐵開始營運之後，臺鐵不再是城際軌道交通的首選，就算年節假期一票難求，但多數非尖峰時刻的乘客並不多，收入銳減再加上大量老舊列車的維修費用，造成臺鐵沉重的經營負擔。乘客數減

▲司機員在駕駛室中進行初步動力檢查。

▲列車長正在比對火車起訖時間。

少，又要避免虧損，縮減人力便成解方之一，陳詩本說：「很多機務人員的職缺其實是遇缺不補。」

從 2018 年的數字來看，臺鐵駕駛、維修人數不到五千人，離滿編的五千五百人，幾乎少一成。對一般企業來說，少了 10％ 的人力還可以輕鬆支應，但對於班次密集、工作時間長，而且需要時時保持專注力的列車駕駛員來說，工作負荷只會更加沉重。

為了解決人力不足的問題，臺鐵著手進行改革。機務處編列預算，2019、2020 連續兩年辦理駕駛與維修人才招募，補進六百餘人，現在總人數已接近滿編。

▲儀表板的時間與狀態是司機員必須檢查的重點。

此外，積極改善工作環境，譬如重新整理外宿、備勤宿舍，讓駕駛人能獲得充分休息。同時，要求駕駛與維修人員的專業，首要從服裝儀容做起。

2020 年中甫退休的臺鐵前機務處處長宋鴻康，於 2019 年回鍋擔任機務處處長後，他發現駕駛員服儀狀況普遍不佳，蓄髮留鬍子、不按規定穿著者比比皆是。宋鴻康說：「服裝儀容雖是外表，但絕對會影響到內在，不遵守服裝儀容

▲列車啟動前檢查十分重要。

的人，自然也不會遵守公司規定。」

因此，他到任後，先要求所有駕駛員都要穿制服、打領帶，「整齊制服不但容易獲得民眾的信任與尊重，自己也會產生榮譽感，對工作更盡心。」

─── 傳承技術，強化專業素養

除了人力不足，列車維修工作不確實，也是長年沉痾。過去為了確保維修品質，許多查驗結果都要在臺鐵內部來回行文確認，以致拖慢了檢修流程，也造成無法及時維修的困境。

在硬體零組件上，ATP、主風泵等裝置多向外商採購，因此約有八成左右的零配件由外商供應，供應鏈長，以至於某些故障的設備長期處於缺料狀態。宋鴻康回憶：「調回臺鐵後，有次到維修處督導檢查，發現地上堆滿了待修的主風泵、ATP，而且大多數流程沒有按照標準走。」

譬如，根據規定，故障設備完成維修後，必須經過檢測，確認故障完全排除、設備正常運作後，才能上路運行。不過由於公文往返時間太長，此環節往往被省略，設備修好就上路，宋鴻康說：「便宜行事的後果就是增加出事的風險。」

因此，推動扎實的在職訓練，也是改革的重要目標之一。宋鴻康回憶，早期政府推動鐵路電氣化，對外採購列車與鐵道系統，原廠都會派外籍工程師來臺灣維修，「那時候我們這批工程人員會抓住機會不斷求教，希望把技術留下來。」後來包括宋鴻康在內的一批年輕工程師，都成為臺鐵最早的種子教官，把當時學到的技術一步一步傳承下去。

而這次，宋鴻康再披臺鐵機務處制服，帶著主管們開設維修工程，甚至親自幫基層員工上課，「主管親力親為，基層員工才會心服口服。」這些維修課程不只為駕駛和工程師打下該有的技術基礎，同時也訓練他們養成正確的工作習慣與模式。

　　如今，臺鐵正進行老舊車輛汰換更新計畫，向外商購置新車，在派員前往監造時，同時要求對方應負責訓練派駐臺鐵人員的維修及品管技能。宋鴻康說：「我們希望這些員工回來後，都能變成種子教官，傳承學到的專業技術，就像當年的鐵路電氣化一樣。」

─── 在地採購零組件，省成本提升維修效率

　　不僅向國外廠商學習維修技術，許多零組件需要進口，成本高，無法大量備貨，導致設備維修時程不斷往後延。對此，臺鐵依循政府智慧交通設備國產化政策，某些安全層級較低的零組件，可改向品質經過驗證的臺灣廠商採購，事後也證明，臺灣技術不亞於外商，而且物美價廉。

　　譬如，2019 年臺鐵向臺灣廠商訂製主風泵測試平台，外商及臺灣本地廠商的價差近十倍，而且可以在地供貨、在地維修，即時性遠非外商可比。

　　臺鐵也全力改革維修制度，機務處重新建立了標準作業程序（SOP），明定設備在出入維修庫時必須遵守的程序。譬如出庫前，接手駕駛員要核對車次、車號、停靠車站，並與行控中心、車站人員確認無誤後，才能讓列車上路。

　　在駕駛訓練上，為了避免列車駕駛員太依賴 ATP，需加

強訓練，除了系統輔助，駕駛員也應時時注意車內外的互動狀態。陳詩本說：「ATP只是輔助，號誌才是最終的判斷依據，若只注意儀表板，忽略燈號和指認呼喚，就會影響行車控制。」

───安全改革沒有最好，只有更好

2019年4月31日，機務處召開記者會，宣布將在半年內完成18輛普悠瑪列車，共計72套主風泵維修工作，消息一出，外界紛紛覺得時間過短，難度頗高。沒想到在同年9月30日，機務處再開記者會，宣布72套主風泵已經完成維修，距離上次記者會只過了五個月。

由此可見，在人員專業到位、調整供應鏈及維修流程後，臺鐵逐漸展現出改革成績。

故障率降低也是實例之一。過去全臺列車ATP系統，每日故障件數超過三十件，如今故障件數可維持在個位數；集電弓則是連續七個月沒有故障紀錄，可以感受到內部員工士氣已逐步恢復。

陳詩本說：「安全這種事沒有最好，只有更好，改革腳步不能停下來，接下來我們還有一連串的計畫，希望改變社會大眾對臺鐵的印象，讓臺灣鐵路更安全、更舒適。」

▼乘務人員彼此之間互相協助，培養出革命情感。

基礎建設打底，落實安全改革

　　臺鐵各項硬軟體設備老舊，透過基礎建設的更新與汰換，導入新時代的鐵路技術，並依照法規完成符合標準的系統，為乘客打造安心順暢的大眾運輸交通工具。

　　當城市已經進入休眠狀態時，有一群人才正要展開他們一天的工作。這一晚，是臺鐵豐富站西線曲線改善切換計畫工程施工日，還不到晚上十二點末班列車收班時間，一群戴著工程帽、身穿反光背心的臺鐵工務段員工，已聚集在軌道旁，蓄勢待發。

午夜十二點一過，工務人員與站務人員透過無線電互相聯繫，確認電力已經關閉，軌道安全無虞之後，其他工務人員便有條不紊地走上軌道，進行測量、運送道碴、截斷鐵軌、移動軌道路線的工作，小型怪手在旁邊靈活地移動著，工務人員必須一邊引導路線，一邊避讓怪手移動範圍，避免受傷。

切換工程進行到凌晨三點多，遠方電力段人員駕駛電力維修車接近，此時，工務段人員工作結束，換電力段人員上場。

多數人很難想像，一趟安全舒適的鐵道之旅，背後其實是靠許多人披星戴月，無畏夜晚冷風及因施工而揚起的灰塵，趕在黎明來臨、首班列車行駛之前加緊完工的辛勞所完成。這些精實可靠且與安全息息相關的基礎工程施作，正是臺鐵電務段及工務段人員的日常。

───改善行車控制、動力及通訊系統

臺鐵歷史悠久，各項硬軟體設備使用年代長，已經到了該汰舊換新的時刻。「鐵路行車安全改善六年計畫」（2015 年至 2020 年）的主要目的，就是針對臺鐵現用設施狀況進行現代化的改善，更新及汰換硬軟體設備，導入新的鐵路技術，打造符合現代化標準及法規的鐵路系統，達成行車安全的目標，並從「設備與設施改善與升級」、「路線基礎設施補強與更新」、「車輛汰換與車廂改造」、「配合法令更新設施」著手進行。

在設備與設施改善與升級中，主要為強化行車安全的號誌系統、平交道監控及號誌障礙偵測設備，更新變電站、電車線等電力系統，檢討並改善道旁電務設施，以及更新電務與工務維修車輛。

電務系統包含電力、通訊、行車控制，前兩者更新幅度較大。早期電力系統更新，主要為替換電車線主吊線，從直徑僅有 49.5 平方公釐更換為加粗的 95 平方公釐，藉此降低纜線因拉抗強度不足容易斷裂掉落，導致路段停駛的狀況發生。

通訊系統也持續改變中，過去列車上的無線通訊，覆蓋率有限，在增加 53 座轉播站後，如今覆蓋率已經接近百分之百。另外環島網路通訊系統，近幾年更換為 IP MPLS 高速骨幹網路交換標準，傳輸速度比原來快上十倍，這些系統的演進，都為臺鐵的智慧鐵路埋下伏筆。

至於行車控制系統，號誌連鎖過去採用繼電連鎖，十五年前臺鐵從海線開始，著手汰換為容易控制且穩定度高的電子連鎖，但因為要遷就既有的行車系統，無法一步到位全數更新，直至現在還是繼電與電子連鎖並用。

──── 平交道不再是安全的漏洞

此外，鐵路平交道的改善也十分重要。許多事故的發生，都是公路駕駛人或行人闖越平交道所造成。從數據來看，臺鐵目前 419 處平交道中，有 95 處尚有潛在危險因子，譬如肇事率高、公路線形不良、遮斷桿被撞毀機率高，以及連結車、砂石車通過頻率高等等。

臺鐵以提升平交道防護系統可靠度為改善方向，設置「大型方向指示器」，告知用路人列車即將通過，並顯示列車行進方向資訊；加裝「閃光燈雙面化」，讓入口側及出口側都能看到示警燈號；一個平交道的緊急按鈕從兩組增至四組，增加緊急通報觸及率。

▲工務人員趁著夜色工作，辛苦不為外人所知。

　　新設「平交道障礙物自動偵測系統」，偵測高度範圍從原本 75 公分提升至 150 公分，一旦偵測到障礙物，將透過無線電反饋給司機員提早因應，降低事故發生率。啟動「平交道錄影傳輸光纖化工程」，布放 24 芯光纜取代既有銅纜，提升號誌設備監測及網路傳輸可靠、穩定的需求。

　　同時，臺鐵自 2008 年起開始聘雇保全人員協助看守平交道，於交通尖峰時段值勤，維持平交道淨空，遇突發狀況時協助排除及告警，若遇重大節日或特殊活動，再加派人員，增加看守處所及時段。種種措施，就是為了提升鐵路平交道的安全性，降低事故發生的機率。

─────增加無障礙空間及月台改建

　　臺灣人口結構改變，都會區人口集中，大眾交通運輸工具已成為人們通勤及往來日常，尤其是行動不便的高齡人口，如何提供安全可靠的乘車環境，更顯重要。

　　相信多數人都曾有這種經驗：上下火車不是要「跨」就是要「跳」，這是因為新購列車車廂高度為 115 公分，月台高度

則是 92 ～ 96 公分，如此即產生約 20 公分的落差，導致上下車十分不方便。近年來，臺鐵改善月台高度，期與列車車廂齊高，讓大家以「走」上下車，加強搭車安全性。

　　月台地面墊高看似容易，其實對於高運量的臺鐵來說，需克服許多困難。譬如月台必須暫時封閉、設臨時月台；避免影響旅客，必須夜間施工，而且在鐵道旁，工安風險高於一般工程，加上有能力承攬臺鐵工程的廠商不多，這些都使得車站招標改建不易。

　　此外，根據 2007 年修正《身心障礙者權益保障法》規定，交通運輸單位應提供無障礙運輸服務，但檢視臺鐵現行車站設施，大多不符合法規規定，必須逐步進行改善。

　　除了提升月台高度、車廂無階化工程，車站無障礙設施也在改善之列，譬如：室外引導通路、坡道及扶手、室內出入口、室內通路走廊、樓梯、升降設備（電梯）、廁所盥洗室及停車位等各式車站設施改善等等，如今都已在陸續推動中。

▼鐵路截彎取直的工程，能提升行車速度及乘客的舒適感。

───從基礎建設守護乘客與維修人員的安全

　　不僅是電務系統、平交道及車站，與行車安全息息相關的軌道、橋梁、隧道等基礎建設，臺鐵也陸續進行翻修。

　　許多人搭火車時，一定會感受到列車行進間的規律震動，影響安全與舒適度。這是因為鐵軌具有熱脹冷縮的特性，每25公尺就必須留有軌縫，列車行經時難免造成震動。

　　為改善這種狀況，臺鐵工務處已全面焊接軌縫，並透過軌溫監測系統，解決熱脹冷縮問題，讓行車更平穩。此外，臺鐵也計劃將部分曲度較大的路線截彎取直，強化安全並縮短行車時間。

　　另一項影響安全的基礎建設是橋梁。近年來，全球氣候異常，暴雨造成河流湍急，劇烈沖刷橋柱，當初興建橋梁時設定的五十年生命週期已大受考驗。

　　對此，臺鐵除了在全臺64處軌道旁設置感測器，監測邊坡與橋梁的雨量外，也陸續對全臺橋梁實施檢測，排定檢修計畫，避免意外發生。

　　對安全的改革也包括檢修人員。負責軌道維修工程的工務處，向來是臺鐵職災風險最高的單位，因為主要檢修地點位於軌道，容易造成傷亡，在北迴線的崇德站，就有一座紀念碑，紀念過去因公殉職的臺鐵員工。

　　為了杜絕類似意外發生，工務處持續強化各種工安作為，譬如在鐵道旁增設監控攝影機，減少人員到現場巡查的頻率。

───朝智慧化鐵路目標邁進

2017 年，交通部提出「臺鐵電務智慧化提升計畫」，預計投入新台幣 306.01 億元，在 2017 年至 2024 年間，逐步將號誌系統故障率下降 40%、電車線斷線率下降 60%、準點率則從 96.3% 提升至 96.8%，這項計畫除了改善行車安全與準點率之外，也將中央行車控制系統納入，一次完成智慧化。

臺鐵電務系統的智慧化願景，有三大目標。其一是透過物聯網架構，串聯鐵道上所有設備，蒐集運作數據，傳至後端管理系統，讓管理人員便於掌握現場狀態，並累積為數據庫、進行分析。

譬如行車控制系統中的道岔設備，通常是在使用當下才發現故障，造成路段停駛、工班需要緊急派人維修的困擾。導入物聯網系統後，系統即可從電流異常變化來判斷設備的故障機率，在發生前就派人維修，讓鐵路行駛更順暢。

第二個目標是把建立管理系統的標準作業程序，並自動轉成工單，提升管理效益。第三個目標則是透過即時系統監控平交道號誌，偵測到異常狀態時，系統會隨時啟動機制，就像在平交道旁派駐一位全天待命的保全，確保用路人安全。

營運超過百年的臺鐵，是臺灣人重要的共同記憶，美好記憶要維持，更要持續創造。臺鐵全面改善硬軟體設備及基礎建設，引進新的鐵道技術與科技，就是希望能提供順暢安全的服務品質，與臺灣的軌道運輸產業攜手，迎向下一個百年。

chapter

4

增進員工福利

科學管理之父泰勒（F.W. Taylor），
在《科學管理原理》(*The Principles of Scientific Management*)
一書中曾說：
「資方和勞工的緊密、組織和個人之間的合作，
是現代科學或責任管理的精髓。」
沒有勞資雙方的密切合作，
任何科學管理的制度和方法都難以實施、發揮作用。
當勞資停止互相對抗，轉為向一個方面並肩前進時，
他們共同努力創造出來的盈利會大得驚人。

先給後要，
創造勞資雙贏

　　臺鐵內部向來存在勞資關係緊張的問題，主要是因為業務性質不同，導致員工福利待遇不如其他公務人員。加上普悠瑪事件後，員工士氣低落，如何喚起臺鐵人的信心與認同感，是一大挑戰。

　　2019 年 11 月 18 日，在交通部部長林佳龍及勞動部部長許銘春的見證下，臺鐵局局長張政源和鐵路工會理事長張文正，簽下了團體協約。這紙契約得來不易，耗時三十年，總共召開 297 場會議，經歷了許多歧見和溝通，才終於拍板定案。

　　團體協約分為十章節，共 57 條，與員工較為息息相關的項目，包括：工作班制、請休假、選舉罷免投票日出勤、延長工時等規範。

▲傾聽員工心聲並給予應有的福利，才能創造和諧的勞資關係。

檢視這份團體協約，內容基本上都不脫勞工的基本權益，但為何從 1989 年開始召開團體協約草案協商會議，直到 2019 年 7 月 31 日第 297 次會議，歷經三十年，才有協商結果？問題就出在制度。

　　臺南應用科技大學國際企業經營系教授熊正一指出，臺鐵是交通部底下的事業機構，屬於公部門體系，必須接受中央的指令，然而員工卻身兼公務員和勞工兩種身分，長期承受國家政策所帶來的工作負擔，導致勞資關係緊張，簽訂團協才會如此困難。

──── 全年無休的班表

　　臺鐵原本由省政府管轄，改為「臺灣鐵路管理局」後，由交通處管轄，1999 年實施精省，改為直隸中央的交通部，屬

▲ 2019 年臺鐵與鐵路工會簽訂團體協約。左起：交通部部長林佳龍、臺鐵局局長張政源、前臺灣鐵路工會理事長張文正、勞動部部長許銘春。

於事業機構。人事任用適用《交通事業人員任用條例》,而非
《公務人員任用法》。

除了行政機關的身分,臺鐵也屬於國營企業,由於從事大
眾運輸業務,除了行政人員之外,更大比例是站務人員、乘務
人員、檢修人員等勞工。根據《勞動基準法》第 84 條規定,
公務員兼具勞工身分者,有關任(派)免、薪資、獎懲、退休、
撫卹及保險(含職業災害)等事項,應適用公務員法令的規定,
但其他勞動條件優於《勞動基準法》規定者,從其規範。

然而,做為國營事業,但業務性質不同,臺鐵二十四小時
提供服務,勢必得輪班;加上被要求肩負社會與政策責任,不
但票價凍漲,又必須經營服務性路線小車站。而在長年虧損下,
中央政府因臺鐵營運績效不佳,不願補充人力,造成人力不足,
導致勞工過勞,尤其以「日夜休」班表最需要改變。

在「日夜休」班表中,雖然有「休日」,但當天仍要上班(意
即休日早上才下班),所以除了特休和事病假之外,臺鐵員工
可說是全年無休。

連續工作十二小時,對任何人來說,不論在體力或精神都
是極大的負荷,過勞班表造成勞資對立,因此過去的團體協約
會議經常是各持己見,難有共識,甚至曾經拍桌大聲說話,不
歡而散。

—— **主動滿足同仁需求**

「我們跟工會之間的僵局,主要在於互信互諒的基礎不
夠,」張政源表示,因此他上任後,為了釋出善意,採取「先

給後要」的策略，主動出擊，滿足同仁的需求。

首先，隨著行政院在 2018 年 1 月 2 日核定 2,818 名員額，讓臺鐵在三年補足人力之後，臺鐵以漸進式改善班表，先讓列車長每月休息日的出勤天數從四天減為三天，而站務人員從兩天減為一天，員工可以獲得比較充分的休息。

按照臺鐵規劃，未來排班經勞資協商通過，將走向「四輪三班」制，也就是由四組人員來輪三班制，每班上班時間為八小時，每次會有一組人員休假，未來每位員工除了都能週休二日，也可以不必加班。

工時之外，張政源也著手改善工作環境。站長出身的他，仍記得當年克難的工作環境，休息室連張床也沒有，就是一張拆下來的門板，要休息時，將板子在兩把椅子中間一架，當作床板躺上去休息。

身為過來人，張政源深知休息空間的重要性，於是要求各單位編列預算，執行工作環境及備勤宿舍的改善，「早期的宿舍，男女生臥室、浴室並沒有分開，浴室沒有乾濕分離，針對現有的宿

▲臺鐵人工作辛苦，為了不影響交通運輸，許多養護或更新工程都在凌晨進行。

▲交通部部長林佳龍（左）偕同臺鐵局局長張政源（右）一起探視員工宿舍。

舍，我們先進行房間與浴室的改善。至於新建或重建的宿舍，則以單人套房為主進行規劃。」預計在 2020 年底可完成 233 處房舍改善。

每次張政源到基層單位視察，有機會也會去看備勤宿舍，從床架尺寸、床墊種類、燈具照明，無一不詳細檢視，如果認為不符合標準，就會要求改善。現任高雄運務段段長、曾是張政源祕書的徐竹平就說：「局長每次到備勤宿舍視察，就會指示許多改進事項，進行列管，並定期親自審視改善進度，要求各單位提供現場照片，確認是否已經改善，才能解除列管。」

「一般來說，事業單位若有預算，通常會先投入硬軟體設備的提升，但局長會想到員工需求，希望改善宿舍環境，給員工更好的休息空間，」一位臺鐵主管觀察。

──── 待遇福利輸人一截

除了班表及工作環境之外，最讓臺鐵同仁念茲在茲的，則是待遇、福利的改善。受限於法令規定，臺鐵員工雖然身兼公務員和勞工身分，不論是薪資待遇或員工福利，不但沒有因此受惠，反而輸人一截。

「同樣是公務員，我們就像是『次等公務員』，」臺鐵企業工會理事長張文正有感而發。根據《公務人員任用法》，一般公務人員的人事是採取簡薦委制，由於交通事業重視經驗的累積，為了鼓勵員工久任，包括了鐵路、公路、港務等單位，則是根據《交通事業人員任用條例》，採取資位職務分立制，隨著其他國營事業單位陸續改制，臺鐵是目前唯一實施資位職務分立制的事業機構。

相較於簡薦委制，資位制的級距拉得很長，優點是無需經過升等考試，只要待得夠久，薪資可以一直往上；缺點則是新進人員敘薪較低，高員級比高考少約兩千元，不利新進人員，因此「落跑新人」戲碼年年上演。

另外，根據《公務人員任用法》，一般行政機關的公務員，結婚補助、生育補助皆為兩個月俸額，喪葬補助為三到五個月俸額，子女教育補助每學期 500 元到 3 萬 5,800 元；相較之下，臺鐵員工雖同為公務員，卻沒有喪葬補助，子女教育補助為每年 2,000 元，結婚、生育補助為 2,000 元，而且都是從臺鐵的職福會發放。

「其他公務單位光結婚津貼就有兩個月薪水，臺鐵卻是不少年輕人結婚但不登記，一直等機會外調，外調後結婚津貼、子女教育補助多，才去登記結婚。而這群人都是臺鐵青壯族，外流很嚴重，」副局長馮輝昇指出。

此外，臺鐵的主管工作量相當繁重，主管加給、專業加給也都不如行政機關，員工缺乏升任誘因，不利於留用或對外延攬管理人才。

──── 等待十八年的生活津貼

從 2016 年起，臺鐵就配合業務特性，爭取各項職務津貼、獎金及費用。包括將營運獎金加 360 元，併入專業加給，提高薪資內涵；為體恤夜班輪勤工作人員辛勞，發給夜點費；員工從事危險工作，發給危險津貼，並擴大適用對象等。不過最大的突破，應該要算 2020 年年初實施的「員工福利精進措施」。

▲ 2020 年 11 月，行政院院長蘇貞昌（右四）在交通部部長林佳龍（右五）、臺鐵局局長張政源（右二）及宜蘭縣縣長林姿妙（右一）的陪同下，視察宜蘭車站道岔抽換工程。

　　為了爭取比照公務人員領取生活津貼，臺鐵在 2002 年提案，將員工納入得請領子女教育補助費的對象；2006 年再提案，讓因公殉職的臺鐵員工可以申請子女教育補助。兩次提案，行政院都以不符法規，以及可能導致其他事業機構援引比照為由，不同意核給。

　　2018 年 11 月 9 日張政源回任臺鐵，12 月 12 日母親過世，在承受來自工作與生活的雙重壓力下，他隱藏內心的傷痛，並未失志喪氣，反而因人事室主任的一個提醒，立下決心重開戰場，繼續爭取生活津貼。

　　「當時馬主任告訴我，局長你虧很大，領不到五個月的喪葬津貼，如果還在交通部就可以領到了。聽到這話，我感觸很深，決心要幫同仁爭取津貼，因為這是關乎一萬多位員工、一萬多個家庭的福利，」張政源說。

於是，臺鐵循著行政體系向上溝通，工會則透過民意管道反映員工心聲，勞資攜手，分路合擊，終於突破法規限制，以專屬於臺鐵「員工福利精進措施」方案做為解方，讓臺鐵員工領到等待了十八年的生活津貼。

2020 年 2 月 15 日，臺鐵「員工福利精進措施」正式上路，生育及結婚津貼都有兩個月薪額；父母及配偶的喪葬慰助金為 15 萬 4,550 元、子女 9 萬 2,730 元；教育津貼部分，大學每學期為 1 萬 3,600 元、五專後兩年及二專 1 萬元，五專前三年 7,700 元、高中 3,800 元、高職 3,200 元、國中（小）500 元。

新辦法實施至今，已有超過一千五百名員工受惠，有位資深同仁透露，孩子就讀大四，最後一學期終於領到了教育津貼，雖然也只能領這麼一次，「感覺還是很爽。」

由於結果得來不易，張政源特別寫了一封給全體同仁的公開信，除了細說爭取「員工福利精進措施」的過程，還特別強調工會和人事室同仁的付出，「做為同仁們的待遇福利捍衛者，你們充分展現了鐵路人團結一致的精神，攜手成功地贏得勝利。」

──建立彼此信任的勞資關係

從團體協約簽訂到「員工福利精進措施」上路，都是藉由勞資合作，終於打開多年僵局。張政源化解矛盾的第一步，就是促進彼此的了解，除了局務會報邀請張文正，也找他擔任組織改革小組委員，既可以讓工會了解臺鐵的政策目標，同時透過張文正的發言，掌握員工的意見，建立雙方對話的基礎。

張政源說：「臺鐵以前的核心精神，是安全、準確、服務、創新，我回任之後，增加了團結與榮譽兩項，因為臺鐵最需要的就是團結，不安內怎麼攘外，唯有臺鐵人團結起來，才有可能爭取屬於我們的榮譽。」

為了聆聽員工心聲，運、工、機、電四大部門都召開「工時協商會議」，局本部每個月舉行「勞資會議」、「團體協約會議」，以及每年定期召開的「勞資關係研討會」，經過不斷的溝通，雙方有了信任，就有機會凝聚共識，為保障員工權益及持續改善勞動條件而努力。

「過去臺鐵內部瀰漫著對管理階層不信任的氣氛，」熊正一觀察，在基層勞工眼中，官派局長只會配合上級的要求，不會真正為臺鐵員工著想，這樣的心態形成勞資之間的長期對立。他認為，張政源上任後，透過實際的行動，重新建立起勞資之間的信任，「讓大部分的臺鐵員工相信，跟隨著管理階層，是往好的方向走去。」

——— 打造廉政平台，安心的工作環境

臺鐵購車及提升行車安全的計畫金額龐大，必定成為外界關注焦點，因此，負責單位不但要承擔採購壓力，也會涉及各種潛存風險。譬如在政治面上，國車國造比例政策、民意代表及利害團體的政治干擾；在廠商面則如零和競爭、採購資格及規格爭議，甚至是各界請託關說頻繁；在業務面上，如評選公平性、交車期程、先前購案存有車輛品質瑕疵等內外部因素。

為了讓降低因採購作業可能發生的風險，臺鐵於 2017 年便跨部會結合交通部及檢廉機關，定期召開聯繫會議，從法律

▲張政源（前排左四）重視行動關懷，全臺道班走透透，就連位於屏東獅子鄉的枋野號誌站也不例外。

面及實務面提供專業意見。

此外，臺鐵也推動行政透明作業，於官網設置購車案廉政平台行政透明專區網頁，主動提供公開透明的資訊，譬如採購進度或執行成果，也設有意見信箱讓民眾或廠商得以反映意見，引入外部監督機制，建構公平公正的採購流程。

張政源曾在會議中提到：「購車案眾所矚目，同仁工作上承受相當大的壓力，因為成立購車案廉政平台，可以降低承辦單位處理風險。」而透過專家諮詢與平台建立，也建構出安心工作環境，讓員工能放心勇於任事，維護廠商合理權益，強化政府監督機制，讓民眾獲得更優質的公共建設。

──行動關懷，開啟與員工溝通的管道

美國著名管理學家湯姆・畢德士（Tom Peters）曾提出「走動式管理」（management by walking around, MBWA）理論，認為高階主管應該走出辦公室、走進現場，了解員工正在做的事情，並傾聽員工及客戶的想法與困難，發現

真正的問題，提供協助與指導，並將這種管理模式列為日常工作之一。

2020 年 11 月某日深夜，行政院院長蘇貞昌前往宜蘭道班，探視正冒雨施工的臺鐵道班基層員工，為他們加油打氣，感謝第一線工作人員維護列車行駛安全，讓民眾能擁有安全回家的路。他也帶著消夜慰勞員工，還坐下來一起吃消夜，並對大家說：「吃飽了才有力氣上工。」

一句暖心的鼓勵、一份暖身的消夜，或許所費不高，卻代表政府高層長官落實走動式管理的精神，也讓臺鐵基層員工備感溫馨。

事實上，張政源上任後，首要推動各項改革，但改革需要員工的支持與認同。因此，他定期安排行程，前往基層探視同仁，了解員工的心聲，幫助員工解決問題，進而鼓勵員工認同並相信組織推動改革的決心。「我認為這不僅是走動式管理，更像是一種行動關懷，鼓舞員工士氣，擺脫當時瀰漫在組織中低迷消極的氣氛。」

熊正一則觀察：「有些基層員工在臺鐵工作許久，難得見上局長一面，如今卻有機會直接反映心聲及建議，是打開溝通大門的最佳機會。」徐竹平段長也表示：「局長回到臺鐵，希望凝聚員工的團結意識，找回過去臺鐵光榮時代，讓員工再現向心力與自信心，工作更有成就感。」

於是，張政源分三階段展開行動關懷。首先跟北、中、南、東四區單位主管進行交誼會談，聽聽現場的聲音，了解主管們的心態與想法。接下來在局本部，安排各處室科長以上的主管，

進行午餐會面，了解各單位運作狀況，進行雙向溝通。同時，安排全臺大小車站及附近單位拜訪。

徐竹平說：「局長每到一處，都會跟同仁打招呼、握手致意、聊天，關心大家，聽同仁的心聲，就連位於屏東獅子鄉，歷屆局長都未曾去過的枋野號誌站，也都去過。」

起初，張政源鎖定有派人的車站，後來連已廢站的臺東多良車站、極南車站枋山、極東車站石城、極北車站海科館都去過好幾次，除了發現及解決問題，也了解這些小站是否有發展鐵道旅遊的機會，為臺鐵創造未來的生機。

徐竹平說：「局長的行動關懷，可用八個字形容：如履薄冰、如沐春風。現場主管如履薄冰，列管的問題不能得過且過、應付了事，局長都會緊盯解決進度。對現場同仁來說則是如沐春風，因為局長會握到每一位同仁的手，跟大家寒暄問候。」

張政源則回憶有一次去宜蘭地區的車站，因為地處偏遠，沒有便當店可以買中餐吃，「我們的同事很可愛，因為很多是原住民，就打電話叫太太以過年過節招待貴賓的規格，親自下廚煮飯送來給我們吃，可見臺鐵員工純樸老實的性格。」

其實，所有臺鐵人，從上到下，都是在同一條船上。張政源相信，目前臺鐵勞資關係是三十年來最為穩定的狀態，「因為知道彼此扮演的角色，並且展開良性的互動與溝通，希望在促進營運成長的同時，也能提升員工的權益，這樣才能朝向共同的目標前進，創造雙贏。」

變革，從鼓舞員工士氣做起

要推動改革並落實，組織成員的態度非常重要。張政源上任後，積極與工會溝通，以合作代替對峙，攜手為臺鐵人爭取相關福利措施，相信將為臺鐵帶來變革的契機。

臺鐵歷史悠久，臺鐵企業工會的成立，可回溯到國民黨政府遷臺前。當時，在黨國體制下，工會所能發揮的功能有限，員工的心聲無法上傳到領導階層，因此又出現了臺鐵員工聯誼會、火車司機員聯誼會等體制外的勞工組織，對體制進行衝撞。

1988 年 5 月 1 日，臺鐵員工聯誼會及火車司機員聯誼會兩個組織，聯手發動了臺灣首次大型工運罷工事件，現任臺鐵企業工會理事長張文正，正是這場抗爭的參與者。

此次罷工事件的肇因，起於 1984 年《勞動基準法》通過，臺鐵卻遲遲不給予員工《勞動基準法》應有的保障，而當時的排班方式是「做 24 小時，休 24 小時」，比後來的「日夜休」三班制，更加血汗。

由於跟資方協商未果，勞方就在五一勞動節當天，以「集

▲ 2020 年 12 月，臺鐵局局長張政源（左二）陪同交通部部長林佳龍（左三）視察瑞芳
猴硐間邊坡崩落現場。

體休假」方式進行罷工，除了鐵路交通近乎停擺，周邊公路系
統也亂成一團。事件之後，臺鐵員工除了納入《勞動基準法》
保障，也獲得加班費追溯補發。

　　張文正是 1983 年通過鐵路特考，1984 年到臺鐵報到，
從基層站務工作開始做起。同樣是通過國家考試，具有公務人
員資格，跟其他公家機關相比，臺鐵人的待遇福利始終不如人，
讓張文正頗感不平。

──── 爭取加入退撫新制

　　罷工事件之後，張文正選擇回到體制內，參選工會代表。
90 年代之後，隨著政黨色彩逐漸淡出工會，在員工權益的爭

取上，工會也比較能夠發揮功能。譬如，臺鐵員工的退休，過去是根據《臺灣鐵路事業人員退休規則》，不像其他行政機關，退休人員享有 18% 優惠存款。

1995 年，《公務人員退休法》修正，實施退撫新制，雖然取消優惠存款，但是新制在設計上已提升公務人員實質退休所得，退休生活仍可獲得相當的保障。

臺鐵企業工會就以此為契機，向行政院、考試院發聲，爭取臺鐵員工適用退撫新制，經過三年多的遊說終於爭取成功，從 1999 年起，臺鐵員工跟一般公務人員一樣，都採行退撫新制。張文正透露：「採用退撫新制後，基層員工每個月也能領到三萬多塊，對於員工退休生活的照顧是很大的提升。」

拉平跟一般公務人員之間的差別待遇，一直是臺鐵工會努力的目標。普悠瑪事件後，外界要求臺鐵改革的呼聲不斷，行政院很重視工會的意見，成立了體檢小組，並分為四組，張文正就代表臺鐵工會，擔任「組織管理組」的諮詢委員。

「臺鐵要進行組織變革，首先要提振員工的士氣，」張文正強調，工會的訴求很簡單，就是希望員工的待遇福利要比照簡薦委制，另外還有多年爭取未果的生活津貼。

—— 以「福利精進措施」之名過關

張政源出身臺鐵基層，對於員工在生活津貼上的欠缺深有所感，在他的支持下，工會透過立法委員向交通部提出要求，獲得同意後才展開作業，報請行政院通過。

事實上，過去臺鐵也曾數度爭取生活津貼，都因國營事業的身分而卡關，這一次主計總處仍以相同理由，不願放行，多次溝通無效，最後改名為「福利精進措施」，跟行政機關的「生活津貼」有所區隔，才終於過關。只是又遇到總統大選，時機敏感，為了避免給人「政策買票」的聯想，選後才正式上路。

「到目前為止，臺鐵的全名還是『臺灣鐵路管理局』，而不是『臺灣鐵路公司』，但臺鐵除了監理之外，還負責實際營運，反而因此無法比照其他行政機關，對臺鐵員工並不公平，」張文正語氣中還是帶著幾分無奈。

而之前懸宕多年的訴求，無論是「團體協約」或「福利精進措施」，能夠在近期都有具體結果，張文正坦言，局長的態度是關鍵。「張政源局長很重視工會的意見，工會提出的要求，他都會盯著，」張文正強調，包括員工可持識別證全區搭乘非對號列車、改善備勤宿舍環境等成果，都是張政源列入局務會報管制後落實。

下一步，臺鐵工會還希望能提升主管的職務加給，跟簡薦委制的公務人員看齊，當工作價值獲得彰顯，員工士氣就會大振，勞資之間有更多的合作空間，勢必能為臺鐵帶來變革的契機。

▲臺鐵肩負交通運輸使命，員工工作繁重。

體制革新，改變才能真正發生

臺鐵背負著沉重包袱，向來是社會輿論關注的焦點。而這個百年老店長久以來所累積的問題，或許無法單靠組織一己之力改變，而是需要政府協助，攜手面對並解決問題。

「臺鐵是最容易被干預、最可憐的事業機構，」2018 年普悠瑪事故後，在一片檢討臺鐵的聲浪中，前交通部部長賀陳旦接受媒體採訪時，直言臺鐵有太多舊包袱，不僅是內部的問題，需要中央政府一起攜手面對。他也曾在報端投書，細數臺鐵的包袱：位階不高、上級指導單位眾多、要求多（多停站、晚收班、誤點賠錢、年節加班還要返鄉專車），社會大眾的質疑也多，譬如：被認為冗員多，八年不准招考新人；被認為管理不善，二十多年不准調票價；被認為服務不佳，不得發營運獎金。

另外，專為東線設計的太魯閣列車，也要服務西部，不但行車時間加倍，人和車調度也都十分吃緊；或是配合各縣市政府，推動鐵路立體化與增加通勤站，討好了地方、降低了路線容量，臺鐵再扛誤點指責等。「多年來臺鐵習於承受，不敢主張，營運市場愈見扭曲，」賀陳旦感嘆。

其實賀陳旦在交通部部長任內，曾經倡議透過調票價、公司化，改變臺鐵的體質，只是後來此事就不曾再提。至今，賀陳旦的想法仍然沒有改變。

「臺鐵本身是個事業機構，用行政機關的模式去營運，先天上就是會出現問題，」他強調，由於票價多年未調整，加上服務性路線、車站等種種負擔，臺鐵連年虧損，嚴重的財務問題湧現，中央政府卻以臺鐵擁有龐大資產而沒有正視此問題，甚至以虧損為由，預算、人事多所掣肘。因此，臺鐵在行政法規的綑綁下，無法要求從待遇結構上進行調整，只能以緩步方式爭取待遇、福利上的改善，雖然可達一時的安撫效果，卻無法從根本解決問題。

─── 從結構問題進行改革

賀陳旦認為，鐵路運輸業就是服務業，服務升級來自於員工活力，而員工活力則來自組織激勵，以目前臺鐵的行政體質來看，無法像一般企業可以導入績效激勵因子，因此要脫胎換骨，就必須公司化。

特別是隨著臺鐵立體化，增加很多通勤站，不論是商業營運、資訊系統的導入、人力投入，都需要更加靈活的調度，而行政機關必須經過部會層層溝通，推動起來必然是效率不彰。

「當然，公司化不能解決臺鐵所有的問題，」賀陳旦坦言，重點是透過公司化，促使臺鐵從企業化經營的角度，正視財務、營運、組織、福利等結構問題，並且進行根本的改革。

從臺灣所有軌道運輸系統，對於每位旅客里程的單位營收

中可以看出，臺鐵長期以來穩居最後一名的寶座。以臺北到板橋為例，搭乘臺鐵區間車就比捷運便宜 10 元。

「公共運輸是社會服務一環，確實不必太強調票收回本，但是不准檢討票價，等於不去面對經營團隊的困難，」賀陳旦指出，臺鐵長期都是低票價經營，導致員工心態消極，因為不會有績效獎勵，努力與否並沒有差別，也就不會去追求服務品質，士氣也容易低迷不振。

他相信，調整票價會是促成臺鐵公司化的潤滑劑，除了可以改善財務結構，也提供開發多角化經營的機會，針對通勤、旅遊等不同需求的旅客，發揮創意，提供不同票價，而非一視同仁都以里程來計算。

「政府應該把臺鐵的改革，拉到國家政策的等級，」賀陳旦強調，而臺鐵能否改革成功，除了本身的努力之外，政府展現多少決心和魄力，也將是重要關鍵。

▲過年前，局長張政源發放紅包，員工們難掩喜悅之情。

chapter

5

串起環島珍珠項鍊

臺鐵在全臺灣擁有 241 座車站，
以車站為出發點向外擴展，
藉由 1,065 公里的環臺鐵路串連，構築出珍珠串鍊的策略藍圖。
以軌道經濟為核心理念，由資產開發中心擔任推手，
肩負將車站塑造成區域最強經濟體的重責大任。

成立資產開發中心，
整合開發業務

　　一家企業要求新、求變，靠的是一股衝勁。但如果像臺鐵這樣一個歷史超過百年的企業，想要在既有組織中改革、創新，不只要有衝勁，還要有過人的耐心、熱情，以及面對挑戰的能力。

　　臺鐵局局長張政源上任後，進行內部分工及業務盤點，發現組織龐大的臺鐵，在全臺灣擁有為數不少的土地、建築等資產，但無論是管理或開發，都散落在各個不同單位。在沒有統一窗口的情況下，不只是想要合作的廠商無所適從，連內部同仁都不清楚職責歸屬。調整組織結構、強化組織效率，便成為當務之急。

　　了解各處室負責業務後，張政源首先進行組織整合、籌劃，2019 年 3 月 1 日正式成立「資產開發中心」（簡稱資開中心），在運輸本業之外，專責辦理透過《都市更新條例》、《促進民間參與公共建設法》、設定地上權等多元開發方式，進行不動產開發、都市計畫、商場、房地、土地、基地台、停車場、廣告空間、拍攝場地設備等標租、出租業務。

▲臺北車站中央大廳如今已經成為活動與季節布置的重要地點。

臺鐵連年虧損，除了已在研議合理的票價調整，並推動觀光服務性路線、車站虧損補貼機制等計畫之外，專責活化土地資產的資開中心，更肩負推動臺鐵轉虧為盈的重責大任。

──── 人流就是金流，車站就是珍珠

　　檢視臺鐵的資源，有土地、資產、站房，每日平均超過60萬人次的客運量，以及逾千公里的環島鐵路，無論從不動產、文化、觀光，甚至人潮就是錢潮的角度來看，臺鐵都是綜合資產大於負債的企業。

　　中華信用評等給予臺鐵的評價也證明這個說法。根據2019年臺鐵信評報告顯示：臺鐵擁有龐大的閒置土地可做為未來開發之用，預期資產活化計畫將可為臺鐵帶來超過新臺幣一千億元的收益，也使2018年的租金收入，由2013年的21億增加至35億元。中華信評給予臺鐵3A的優良信用評等。

▲全家便利商店及旁邊的店中店，提供民眾多樣化的購物選擇。

「可見臺鐵體質好，雖然財務狀況不佳，但只要好好規劃、開發，實在沒有虧損的道理，」張政源表示，在逐一整合各項資源後，臺鐵的資產運用面臨兩項關鍵性選擇。

第一是，創造出有價資產後，將資產出售或出租，以現金償還債務。張政源說：「由於臺鐵二十多年來都無法調整票價，每年運輸本業虧損至少約二十億元，就算還債，隔年起一樣會再面臨負債問題。」

其次是，選擇將資產投入市場，進行合作、開發。臺鐵在全臺灣擁有 241 個車站，以車站為區域商業中心進行改造與開發，結合鐵道旅遊串連起軌道經濟所創造的效益，非常可觀。

開發附業是臺鐵資產管理的方向與目標，也是必須成立資開中心的主要原因，透過企業化經營，有助於加快臺鐵營收的腳步，改善長久以來負債的財務結構。

臺鐵在全臺灣擁有五千多公頃的土地，看似很多，其實可開發的面積僅占全部土地的 5%，而且是位處都市及車站交通精華區位的公有土地，必須採取有效率的開發利用，朝向大眾運輸導向發展（TOD）的都市發展策略，較符合都市再生發展之趨勢。

資開中心總經理鄭珮綺表示：「資產開發中心成立後，除了將業務整合，組織內部資訊互通也更有效率，減少人力、行政上的重複成本。」過去貨運服務總所主要負責出租、企劃處主責開發，因為缺乏橫向溝通，可能同一塊地，貨運服務總所已經談好出租，但企劃處同時也在進行開發。

組織重整，開發資源也獲得整合後，原本負責開發業務的單位同仁最直接的感受是：業務推展效率大幅提升，知名度隨之打開，想要與臺鐵合作的企業，更是自動找上門來。「以前廠商想和臺鐵做生意，根本不知道要找誰，現在職權明確、清楚，各項業務執行自然更有效率，」鄭珮綺說。

—— 不只把事情做對，更要做好

　　成立資開中心的第一步，是將之前分散在貨運服務總所業務課，臺北、臺中、高雄、臺南四個服務所及企劃處開發科各單位的業務進行整合。然後依照短、中、長期計畫，再分設業務科、開發科，分別負責短期利用、中長程開發計畫；增設物業科負責物業管理；並有總務、主計、政風、人事四個幕僚單位，擔任後勤支援工作。

2020 年 7 月，臺灣博物館鐵道部園區開幕典禮，左起：臺鐵局局長張政源、交通部部長林佳龍、總統蔡英文、文化部部長李永得及臺灣博物館館長洪世佑。

其中，業務科負責辦理車站商場、旅館、停車場、列車廣告、車站廣告、拍攝場地設備及機器類出租等租賃規劃、招商及經營管理。開發科依據《都市更新條例》、《促進民間參與公共建設法》辦理不動產開發及車站專用區規劃、公共設施多目標使用申請等業務。物業科負責辦理土地、房地、辦公室、行動電話基地台、太陽光電設備空間及微定位設備（Beacon）等租賃、招商及經營管理。

曾任資開中心首任總經理、現為臺鐵局主任祕書顏文忠表示，資開中心成立之初，第一件事就是盤點資產標的，檢視合約內容，發現已經簽訂近兩千件合約中，多數以出租為主。「出租年限主要是三年加兩年，或是五年加三年，以平均四年計算，近兩千件的合約每年大約會有五百件到期。」

因此，資開中心訂下目標，寄望未來每年能成長 10%，並依此制定新的商業策略及執行方向。顏文忠說：「承租方做生意就是希望能賺錢，只要創造讓合作企業賺錢的條件，臺鐵自然就有調高租金的空間。」

以臺北車站便利商店標租為例，這項業務原本是由餐旅服務總所負責，資開中心成立後剛好遇上合約到期，必須重新辦理標租。「臺鐵比之前多做了兩件事，讓租金一舉翻升，」顏文忠透露。

第一件事，原本與便利商店的合作，是以勞務委託方式標租，便利商店開立的發票，是臺鐵餐旅服務總所的發票，部分便利商店自有業務，譬如代收代付，便因而受到限制。資開中心同仁發現後，改變合約設計，讓便利商店自行開發票，如此一來業務內容就不受限制。

第二件事情是放寬限制，讓廠商增加收益。車站型超商具有空間小、人流高的特殊性，最適規模約莫二、三十坪，可說是寸土寸金，需善加利用。對此，臺鐵允許得標廠商可以利用得標面積中 30％的空間開設店中店，引進集團其他品牌，一來擴展知名度，二來也分擔租金壓力。

顏文忠說：「想提高租金，就要懂得幫廠商設想，讓他們能把坪效發揮到最大，而這兩件事做對之後，新合約租金也因此躍升為原來的兩倍。」

── **簡化流程，鼓舞士氣**

朝向企業化經營的資產開發模式，雖然是臺鐵想擺脫財務沉痾的策略，但簡化行政流程、打造靈活彈性的組織系統，以及養成學習型、成長型的人才，才是改革的核心所在。

臺鐵組織龐大，業務遍及全臺，多依賴總局統籌一切。臺鐵總局共十三個處室，所有公文最後都匯集到局長室，需要排隊等簽核，耗時耗力。

對此，臺鐵內部推動流程簡化。以採購為例，過去從遞案、招標、指派開標主持人到驗收，每個程序都必須送到局長室；如今同仁依據《政府採購法》行事，立案前公文先送到局長室，流程中分別授權給副局長、主祕審核，甚至一定金額以下的預算，段長可自行處理，簡化流程、加速公文往返時間，對行政效率有立即的提升。

臺鐵人也必須隨時繃緊神經、準備應戰。原任材料處處長的鄭珮綺，2020 年 1 月 16 日接續首任總經理顏文忠，成為

▲臺南車站二樓的鐵道飯店正在進行古蹟修復，未來將成為第一個鐵道古蹟旅館。

資開中心第二任總經理。受到局長與副局長提出臺鐵未來黃金十年藍圖的鼓舞，鄭珮綺接到派令後根本無暇整理心情，立刻隨著高層主管，帶領資開中心同仁積極投入工作。

鄭珮綺觀察，局長很懂得帶人帶心、激勵士氣，「他經常告訴我們，被打擊、就再站起來，再被打擊、再重新站起來。」因為資開中心肩負臺鐵轉虧為盈的重要任務，「更需要持續努力、完成使命，因此保持熱情很重要。」

目前，資開中心加上各營業所，員額共 210 人，最年輕的同仁 24 歲。開發案動輒百億元，張政源以身作則，帶著資開中心同仁往前衝，工作內容和速度是其他單位的好幾倍。「但

▲新竹市提出大車站計畫，取代立體化工程，興建跨站式平台式車站。

是面對各式挑戰，卻不一定能在短期內看到成果，同仁心理壓
力很大，離職率不低，」鄭珮綺坦言，每件案子除了要與地方
政府開會，會前也有許多資料要準備、會前會得召開。「以前
同時處理五個案子，現在可能同時要處理十個案子，」鄭珮綺
分享，資產開發工作無法一步到位，面對工作時的自我要求、
擔心影響團隊作業，甚至是損害臺鐵利益等，都是同仁主要的
壓力來源。

　　「以大型開發案來說，至少要好幾年才會有成果，過程中
會有許多人不斷投入，計畫才能前進，獲得最後的成果，」鄭
珮綺分析，由於是新成立的單位，資開中心一直以來默默耕耘，
「同仁的努力目標是為臺鐵增加收入，但也常遇到內部同仁誤
解，有時候會讓團隊很洩氣。」

　　臺鐵組織龐大、部門眾多，各單位主管會輪動，但基層同
仁始終在單位上努力，鄭珮綺說：「所以每個成功的案子，最
該獎勵的應該是所有參與過的同仁，做為資產開發中心的主
管，總覺得給年輕人的資源不夠，只能憑藉一股熱情，鼓勵大
家一起努力。」

─── 靠著自己的力量站起來

　　臺鐵在運輸本業營收無法提升的情況下，要彌補虧損，唯有衝附業一途。資產開發中心與附業營運中心的成立，不只是組織改造、單位整合，更牽動著臺鐵未來能否轉虧為盈，以及所有臺鐵人的未來。

　　目前臺鐵員工將近一萬六千人，資產開發中心及附業營運中心兩個單位加起來不過幾百人，「可能多數同仁都不知道這兩個新單位跟自身有何關係，」鄭珮綺說。但一項大型開發案，為了增加現金流，廣告、車站空間、周邊土地等出租業務，每一項都很重要。資開中心同仁前往第一線勘查、執行業務時，車站現場同仁常常會有「怎麼這裡又要掛廣告？」、「那裡又要出租開店？」的反應，覺得是在找麻煩。但這一點一滴的累積，都是臺鐵突破財務困境，以及臺鐵人未來持續在崗位上安身立命的重要基礎，唯有上下一心、達成共識，臺鐵才能靠著自己的力量站起來，以穩固的財務基礎，擁抱改革後帶來的成就感與自信心。

什麼是 TOD ？

　　TOD 是 Transit Oriented Development 的縮寫，意即「大眾運輸導向發展」。

　　大眾運輸導向發展是先進城市的主流政策，主要特色就是建立以步行或租賃自行車，搭配短程的公車、輕軌或捷運，以及長程客運或鐵路的一種綿密完整的大眾運輸體系，並且以運輸場站為核心，將都市主要活動，以混合使用及高密度的方式集中在場站周圍，使得民眾很容易搭乘大眾運輸工具到達。

　　在這樣的概念下，人們可以輕鬆地搭乘大眾運輸工具，不用騎車或開車，就能上班上課、享用美食、購物消費或參與休閒活動等，目前大型國際都會如東京、倫敦、紐約、巴黎等，都是高度 TOD 的成功案例。

▲斗南車站第一期啟用，許多地方人士前來祝賀並看好其發展願景。

與地方政府攜手，活絡城市發展

　　資產開發中心成立之後，由臺鐵局局長帶領團隊主動出擊，站在地方政府希望推動建設、產業發展與活絡經濟的立場，擬定資產開發計畫，朝向多贏策略的目標邁進。

　　放眼全球，車站是進出城市的重要門戶，也是大眾運輸的核心樞紐，不只是交通中心，更是城市和生活的中心。

　　看準車站匯聚各種生活及商業服務的特點，依循人潮就是錢潮的道理，臺鐵訂定車站生活化的策略目標，進一步強化軌道經濟對整體收益的重要性，以「車站城市」為核心理念，將車站塑造成經濟、生活、文化及旅遊中心，讓乘客一抵達車站，就可以享受商業、休閒、觀光各種功能。

　　因此，臺鐵持續更新車站服務設施、加強商業活動，也善用車站高架化、地下化之後，車站土地的重新規劃，在市容景觀、區域發展上創造許多新的機會，並透過各種形式的開發，協助地方政府帶動城市發展。

然而，受限於《國有財產法》，臺鐵並不能任意處分名下資產、收益，因此，土地開發必須以《都市更新條例》，或是《促進民間參與公共建設法》等方式與地方政府合作。而在資產開發的過程中，臺鐵也秉持協助地方政府活絡經濟、創造產業商機的角色，朝向雙贏（地方政府、臺鐵）甚至多贏（地方政府、臺鐵、業者、民眾）的目標邁進。

─── **策略整合，找到潛力承租企業**

　　雲林縣斗南車站的空地利用，是資開中心成立後，整合業務功能，推動車站做為生活中心、創新區域發展的典型案例。

　　原在斗南車站前約一百公尺的空地上，有一棟屋齡超過四十年的老房子，早在資開中心成立前就已租了出去。受限於當時標租業務分散在各單位，缺乏橫向溝通的狀況下，形成建築物已出租，但圍繞周邊約兩百坪的土地，卻因此租不出去的窘境。

斗南車站戶外廣場的公共藝術。

「這案例隱藏兩個風險，」顏文忠說，首先是受限於《文化資產保存法》針對屋齡超過五十年建築物的相關規定，若要處分必須事

先通報並經過審議。其次，周邊超過兩百坪的土地因為租不出去，容易產生被占用、環境髒亂，導致環保局開單處分的後續問題。

「其實承辦人的思維很單純，就是把房子租出去。但如果我們換一個想法，改成把土地租出去，會不會有更好的結局？」顏文忠分析。於是，資開中心同仁重新檢視合約及相關法令，發現這塊土地不適用於《都市更新條例》或《促進民間參與公共建設法》，最終只好採取標租方式。顏文忠分析：「不是公告土地標租方式之後此事就結束了，要站在承租方角度去思考，兩百多坪土地適合什麼樣的行業、我們能不能主動出擊，爭取潛力合作業者。」

經過市場調查後，資開中心團隊鎖定 3C、美妝類賣場業者，主動拜訪適合標租的企業，最終斗南車站前空地順利標租出去，相較於建築物，租金收益增加超過十二倍，另外也帶動商業活動、增加地方稅收，解決原本可能發生的風險與危機，顏文忠說：「說穿了，就是靠資源整合與策略應用。」

─── 換位思考，協助推動城市發展

與基隆市政府合作，推動車站南側停車場 BOT 案，則是臺鐵第一個以鐵路用地結合停車場 BOT 與多目標使用的案例。

起初是因為基隆市政府要求臺鐵將 2.6 公頃的鐵路用地釋出，做為停車場使用。於是，張政源率隊前往拜訪基隆市市長林右昌及市府團隊，分析基隆市中心因為地狹人稠，可開發的素地有限，而南側停車場位於核心區域，若只做為停車場實在太可惜，建議市府與臺鐵合作，擴大開發規模，不但能帶動區

▲改建之後的基隆車站，外觀呈現藝術及現代感。

域商業活動、改變市容，更能提供市民新的休閒場所，市政府
稅收也能因此增加。

　　「一開始大家應該都認為臺鐵瘋了，怎麼可能辦到，」張
政源說，沒想到最後基隆市政府、臺鐵、交通部三方簽約，委
託基隆市政府招商、開發，促成三贏局面。

　　「如何與地方政府溝通合作，是臺鐵進行資產開發時最重
要的部分，」張政源說，透過「以合作取代對抗」，改變過去
偏向被動承受的開發模式，超前部署，在可行性計畫階段就積
極參與，主動提出對城市發展及土地開發的構想，了解、協調
合作方的需求，取得地方政府的認同，盡力拉近彼此距離，滿
足雙方利益，並協力推動。

　　張政源說：「主動出擊的模式考驗上位者的決心，團隊也
要有共識，在推動資產活化時，臺鐵上下一心，組成團隊一起
討論，並規劃合乎雙方需求的開發案內容。」顏文忠則觀察：
「局長因為有地方政府的經驗，相當了解市政團隊的想法，所
以經常會點出我們的盲點，靈活彈性地擬定資產活化策略。」
而資開中心也被賦予改變的責任，在規劃整體開發案時，先研
究地方政府的施政方針並適時導入，不僅符合臺鐵自身目標，
也同時重視市府團隊施政與在地民眾需求，透過反覆溝通才進
行規劃。

——主動出擊，爭取提高建蔽率與容積率

　　桃園鐵路地下化站區土地開發，則是另一個主動開創、成功轉型的案例。桃園鐵路地下化計畫中，原本桃園市政府核准的都市計畫建蔽率是 20%、容積率 60%。張政源看了嚇一跳，立刻帶領團隊主動前往市府洽談，與桃園市政府團隊達成合作開發共識，雙方共同推動站區地下化，桃園捷運與臺鐵車站共構、留設商業空間，以及跨區回饋提供騰空路廊土地給市府開闢綠園道，成功提升桃園、中壢、內壢站區容積率達 380%。

　　簡單來說，依據市府的規定，原本 1 坪土地只能蓋 0.6 坪，現在卻可以蓋 3.8 坪。未來，桃園車站聯合開發大樓，臺鐵也將分得車站大樓 4 萬平方公尺、商業開發大樓 18 萬 4,440 平方公尺的空間，大幅提高整體效益。

▼臺鐵與嘉義市政府已建立良好的夥伴關係，未來希望共同推展以車站城市為主的軌道車站經濟。

這些成果看似成功，其實在過程中卻經歷許多困難。譬如因為法令限制、時機不對而需改變計畫，並繼續溝通協調，歷經幾度失敗，最終才能得到共同的結果。

與嘉義市政府的合作，也是另一個臺鐵主動出擊的案例。2019 年 7 月，張政源率領團隊主動拜訪嘉義市市長黃敏惠，希望能爭取車站專用區建蔽率、容積率，與嘉義市政府建立良好的合作夥伴關係，共同推展以 TOD 和車站城市（station city）為主軸的軌道車站經濟，期待將雙北的成功模式複製到嘉義，以「嘉義新天地，迎向新世紀」為目標朝向雙贏邁進。

而臺鐵也邀請黃敏惠與市府團隊參訪南港車站，黃敏惠認為：「透過考察臺鐵南港車站 BOT 經驗，希望能促成嘉義市未來鐵路高架化後，提升鐵路車站沿線土地利用價值、都市環境改造等目標，只要臺鐵願意做，嘉義市政府全力配合。」根據 2020 年 11 月 6 日嘉義市政府發布實施土地管理與都設要點，車站專用區的建蔽率為 70%、容積率為 350%，主動出擊得來的美好成果，令臺鐵團隊士氣大振。

「其實，現在回頭看，很多案例都很成功，但中間過程卻非常艱辛，被打擊的經驗也不少，」資開中心現任總經理鄭珮綺表示，不過，在張政源的帶領下，臺鐵團隊和地方政府溝通都有很好的進程與成果，「直到花蓮的案子，讓我們看到局長的另一面。」

——整合發展，引動商業及觀光新契機

臺鐵在花蓮有兩大基地，資開中心團隊依照屏東、臺南、桃園、嘉義等縣市推動的模式，結合花蓮得天獨厚的山海、文

化及節慶資源，與身為臺灣重要國際觀光門戶的地方特性，以共建國家級花蓮觀光門戶為主軸，推出「洄瀾雙城發展計畫」。

　　整個計畫分成「洄瀾車站城」及「洄瀾星空城」，車站城的構想是兼具智慧車站與休閒購物觀光功能，包含車站站體、商旅服務區、多功能迎賓廣場、東西站串連的多功能平台、智慧圖書館、公園綠地及 Outlet 購物商場，提供抵達花蓮或轉運乘客，逛街小憩的休閒場地。而星空城則以濱海區、商業城、休閒式住宅區及鐵道文化產業專區為主，整合串聯格局，展現多元商業及觀光主題，讓商務型或觀光型旅客能在此多停留幾天，享受休閒海景度假時光。

資開中心團隊對此案的規劃充滿信心，鄭珮綺說：「前往洽談之前，同仁們幾乎花了兩個月時間，天天加班，局長也是每隔一天就要確認一次進度。」期間和花蓮縣政府也一直保持良好溝通。提案日當天，一行人帶著準備好的計畫書，到花蓮與縣政府展開第一次溝通，結果卻不如預期順利。

──改變心態，堅持做對的事

　　「當下團隊非常沮喪，局長卻反過來鼓勵同仁：『沒關係，如果縣政府沒辦法接受此案，我們可以先開始啟動。』」鄭珮綺說，「大家只好帶著冷掉的便當，回到花蓮工務段，局長告訴大家：『吃完便當，我們馬上去把計畫中提到的點再走一遍，看看有什麼需要改進和不足之處，重新調整。』」

花蓮縣政府與臺鐵合作推出「洄瀾雙城發展計畫」，預計將花蓮形塑成國家級觀光門戶。

鄭珮綺回憶，當時下著雨，一群人撐著傘，花了兩個多小時走遍後站、前站，原本心情已經很挫折，全身又被雨淋濕，大家都很沮喪。「走過一圈後，局長說：『我知道大家很冷，但臺鐵不能陷於被動，我請大家喝熱咖啡，暖和一下，然後回臺北繼續努力。』」鄭珮綺笑著說：「大家才又被激勵起來。」

之後，資開中心團隊和花蓮縣政府保持溝通，經過半年一再努力，縣政府逐漸了解、認同臺鐵提出的計畫內容，雙方也已經成立溝通平台，密切討論合作方向。

協助花蓮洄瀾雙城發展計畫，資開中心花蓮營業所經理謝文宗則分享：「其實最初我對計畫充滿問號，擔心無法完成。如今經過一次次討論，每次召開會議時，縣府態度逐漸緩和，民意代表也表達肯定之意，讓身為臺鐵一份子的我感到非常驕傲，營業所同仁們更是愈做愈有信心，疑慮盡消。可見方向對了，只要堅持下去，就可以讓大家更有信心，覺得這是一件好的事情。」

▲火車行經城市周邊，將帶動經濟發展。

─── 活用資產開發策略

從資產活化的角度來看，臺鐵對於不同的車站有著不一樣的規劃。大站都市機能強，需以長期、有規模的經營方式來創造收入；小站有觀光樂趣，要靠活動營造區域商業氣氛，辦活動要有策略，必須透過內涵與過程，達到運量、人潮、商機同時拓展的效益。

企劃處處長郭冠宏分析：「就都市發展概念而言，不能只有火車站熱鬧，周邊商圈冷清清，與地方政府合作，就是希望整合政府之力，以火車站為中心，帶動周邊商業活動。」

譬如，若洋蔥滯銷，臺鐵與地方政府可以合作舉辦活動，直接到產地向農民購買洋蔥，透過火車運送至南港車站，在車站出口約三百公尺外架設活動場地，讓民眾以一張火車票證換取一顆洋蔥。

類似的活動能帶來多重效益，其一是協助農民銷售洋蔥，其二是火車運送洋蔥增加運量，其三是吸引民眾前往車站，沿途逛街帶動消費。郭冠宏說：「從車站生活化的角度思考，原本只是提供上下班搭車通勤的交通空間，但成為社區居民活動中心，進而塑造成區域商業中心後，便是假日全家大小一起出門逛街、吃飯的聚會場所。」不僅如此，只要進一步結合地方文化特色，與周遭鄉鎮市串連起來，車站就能搖身一變成為熱門觀光景點。

在臺鐵未來擘劃的藍圖裡，車站可以有超市、洗衣店、托兒所、日照中心，依靠火車通勤的上班族，能在車站中獲得生活所需的各項事物。這就是以車站為生活、旅遊中心的珍珠串鍊概念的原形。

雖然環島 241 個臺鐵車站，每一站都是珍珠，但平心而論，特等站、一等站、二等站就像品質優良的大珍珠，可以透過資產活化，開發成為企業商辦、旅館或住宅；其他小型車站就像小珍珠，雖然先天品質不良，但只要發揮創意，善用活動合作等方式，也能為軌道經濟添柴加薪。

整合資源、活用策略、與地方政府攜手，利用站體與周邊土地，妥善進行資產開發，創造倍增效益，臺鐵的未來充滿無限可能。

內部凝聚共識，目標轉虧為盈

　　靈活有彈性的資產開發計畫，或許將是臺鐵轉虧為盈的解方，但也造成組織內部工作模式與方法需要重新調整，如何凝聚內部共識，讓員工朝向同一個目標攜手向前，將是重要挑戰。

　　近年來，臺鐵推動一連串改革，為什麼組織必須改變？說白了就是要讓社會大眾、讓臺鐵員工對臺鐵有希望，知道臺鐵是一個有願景的企業。但事實上，臺鐵自 1978 年開始虧損，至 2019 年向銀行借款約 1,293 億元，臺鐵若不自己改變，也會被迫改變。

　　「有時候不是策略或方向目標有問題，而是心中偏見，導致溝通過程產生問題，」臺鐵主任祕書顏文忠觀察，就像資產開發、推動附業及鐵道觀光等工作，如火如荼地展開，但許多臺鐵人不覺得這些事情和自己有關。「多數員工會認為，我只是在車站賣票，資產開發距離我很遙遠。」但其實資產開發和每一位臺鐵人切身相關，最終最大受益者就是自己。

───提升附業營收比重是長期目標

　　從數字上來看，臺北車站一、二樓是大型複合式車站及

美食購物商場，業者年營業額達 27 億元；板橋車站 ROT 超過 19 億元、松山車站約 6 億元；而第一個結合 BOT、ROT、OT 車站綜合性開發的南港車站，也超過 16 億元。根據臺鐵預估，2024 年臺鐵的附業收入占比能提高到占本業收入的百分之五十。

此外，目前臺鐵在南港還有三個區塊正待開發。一是 2014 年與國泰人壽合作推動的南港調車場都市更新開發案，占地 5.4 萬平方公尺，涵蓋旅館、商場、辦公室、住宅等建設，預計 2025 年完工。

其次是 2018 年由潤泰創新國際取得的「南港轉運站東側商業區公辦都更案（南港之心）」，占地 2.6 萬平方公尺，號稱臺北市規模最大的公辦都更案，涵蓋交通轉運站、國際會展中心、辦公空間、商場、住宅等設施，預計 2027 年完工。

第三是「南港區玉成段二小段 732 地號土地都市更新開發案」，緊鄰市民大道七段，超過三千三百平方公尺土地，權屬單純、形狀方整，臨近鐵路、捷運，持續公告招商作業階段。

▶臺鐵擁有完整的環島網路，若能善用資產開發策略，轉虧為盈指日可待。

▲ 2019 年 10 月，臺北車站特定專用區 E1、E2 街廓公辦都市更新案簽約。

　　顏文忠認為：「未來臺鐵在臺北車站特定專用區 E1E2 街廓及臺北雙子星 D1 西半街廓等都更開發案，一旦開發完成，臺鐵將有非常可觀的收入。」過去公部門的思維，想要償債，賣地還錢最直接，但就企業經營角度而言，臺鐵擁有資產遠高於負債，最好的方式應該是想辦法增加營收。

　　目前，臺鐵透過「珍珠串鍊計畫」，積極推案，進行資產活化，十年內預計可吸引民間投資超過千億元，顏文忠說：「不用殺雞取卵，持續開發資產才是臺鐵的優勢，增加資產收入，償還債務指日可待。」反觀鐵路發展成熟完整的日本，與臺灣一樣，車站多半位於地區市中心，擁有先天優勢，日本鐵路公司靠人潮經濟開發附業，使其比重占營收的五至八成，是值得參考與學習的目標。

──資產開發或許是轉虧為盈的解方

　　改革並非想做就能做，有許多細節互相牽動。包括組織及工作內容變動，各項業務和單位也會被影響，過去習慣的工作方式都需要調整。而顏文忠就像苦行僧一樣，只要有機會到基層單位，都會向同仁說明為什麼臺鐵需要資產開發、非做不可的原因何在。

顏文忠語帶沉重地說：「臺鐵不賺錢，好像再怎麼努力都是虧損，如果年輕同仁不改變，實在無法保障往後的二十年甚至三十年，還能保有一份安穩的工作。」若能因為改革而讓臺鐵成功轉虧為盈，年輕同仁不只工作穩定、福利增加，甚至有可能每年調薪或發績效獎金。

　　「唯有讓同仁認同改革的做法與策略，明白和自己切身相關，他們才能感同身受，」顏文忠說，過去臺鐵的營收運輸本業比重極高，土地開發等附業不到 5%，資開中心成立後，已較過去成長約兩成，但若與日本國鐵民營化附業占總營收比重相較，臺鐵還有極大的努力空間。「臺鐵人觀念一定要改變，現在的努力是替未來創造更好的環境，或許有一天，年輕人不是先以鐵路特考進臺鐵，考上高考後趕緊離開，而是考上高考的人，都想考鐵路特考擠進臺鐵。」

──秉持使命感，在改革的路上攜手前進

　　如今，資產開發中心基本策略已擬定，前進的模式與路徑也已經開闢，加上附業營運中心成立，致力開發鐵道觀光旅遊、便當品牌、鐵道商品，藍圖完整、目標明確。

　　在改革的過程中，勢必面對衝突和非議。想好好做事不難，難的是面對質疑的阻力和壓力。張政源認為：「從局長到各處室每一位同仁，都必須秉持對臺鐵的使命感，拚命往前衝。」

　　臺鐵目前正面臨危機，但只要每個人都願意往前多跨一步，依照擬定完成的策略與方向，秉持熱忱與責任感，持續推動、確實執行，臺鐵人就能在改革的路上攜手同行，往轉虧為盈的目標大步前進。

chapter

美學復興運動

2019 年 2 月 21 日，
原是一場沖喜的臺鐵觀光列車首航活動，
卻成了臺鐵的美學蒙難日，
從這一天開始，一場脫胎換骨的臺鐵美學復興運動，醞釀著⋯⋯
誰可以帶領我們，找到屬於臺鐵的美學？
「把罵最凶的全找來」這不是玩笑話，而是破釜沉舟的決心，
臺鐵的蛻變與新生，從美學改革開始。

改變的開始，美學的起點

安全蒙難日，讓臺鐵致力於行車安全與經營效率提升；美學蒙難日，讓美學復興成為臺鐵勢在必行的改革重點，引進專業設計師與工程人員互相對話，打造兼具美學與實用功能的觀光列車。

➡️

2019 年 1 月，普悠瑪事故的善後工作進入緊鑼密鼓階段，時任機務處處長宋鴻康（現已退休）向臺鐵局局長張政源報告，由莒光號改造的環島之星觀光列車完成進度已經過半。為了重振員工士氣、走出低迷氣氛，2019 年 2 月 21 日這天，臺鐵舉辦環島之星觀光列車換新裝的媒體試乘活動，火車一路從南港開到新豐，讓記者參觀、體驗各項設施，現場氣氛熱絡。

當天下午，新聞陸續發布後，各種社群網站的負評如雪片般飛來，有人說「這就是臺鐵的設計水準，不意外」、有人酸「臺鐵美學正常發揮」，改造後的新車不僅被設計圈、媒體界強烈抨擊，還被旅客嫌俗氣，譏為「中華民國美學」，字字句句揪心，網路上甚至發起「全臺最醜火車站」票選討論，一夕之間，臺鐵成為沒有「美感」和「設計感」的代名詞。

原本以為投入八千萬改造的觀光列車，可以鼓舞士氣，沒想到竟慘遭打臉。張政源有感而發地說：「當我們正想努力衝

起，卻再次被打入谷底，難過失望的心情可想而知，那天可以說是臺鐵的美學蒙難日。」

▼改裝前的觀光列車。

─── **跌倒了就想辦法爬起來**

時代更迭，國民生活品質提升，傳統的舊時美學早已不符合社會期待與需求。臺鐵擁有近一百三十四年的深厚歷史，卻在美學上被批評得一文不值，無論是給外界人士的感受、內部成員的觀念，都到了痛定思痛、破釜改革的時機。

▲引進專業設計師與臺鐵人對話，激盪出兼具美觀與實用的車廂設計。

但是，如何邁出第一步，對於張政源來說是個大挑戰，「一時之間大家毫無頭緒，只能將尚未改造的觀光列車全部喊停，再思考下一步怎麼做。」當時29輛環島之星觀光列車已完成16輛改造工作，另外13輛正依計畫進行中。

接下來該如何前進？張政源正在苦思對策時，交通部部長林佳龍及時給了建議：不妨試試臺中花博的設計團隊，「回想起來，非常感謝林部長的提議，讓臺鐵美學翻轉找到新契機。」

▲改裝前的觀光列車內觀。

───把罵最凶的找來當美學委員

「專業就交給專業來做！」是臺鐵啟動美學改革第一步。

在觀光列車改裝事件引起的負評如火如荼燃燒之際，正值「2018～2019臺中世界花卉博覽會」舉辦期間，林佳龍認為：臺中花博引進許多優秀設計師，臺鐵美學與觀光列車改造，若能借重花博設計團隊的力量，或許可以尋得解決之道，張政源回憶：「當時黃玉霖政務次長也銜命鼎力相助，推薦花博設計長吳漢中為臺鐵提供建議。」

3月11日，花博接近尾聲，張政源

▲改裝後的觀光列車整體風格簡潔俐落。

率領臺鐵一級主管前往臺中后里的花博現場取經，展開雪恥之旅的第一步，同時聽取吳漢中分享經驗。最後張政源決定：「立即成立臺鐵美學諮詢委員會，把專家都找來，幫臺鐵診斷把脈，導入美學。」

但是，該找誰來擔任美學委員？在某次會議上，大家形成了共識──那就「把罵最凶的都找來」。

─── 為臺鐵人與設計人搭一座橋梁

2019 年 4 月 8 日這天，首創公部門先例的「臺鐵美學設計諮詢審議小組」（簡稱美學小組）正式成立，召開第一次委員會，由張政源兼任總召集人，副局長馮輝昇及總工程司高明鋆兼任副召集人，廣邀建築設計、創意設計、都市美學、景觀設計、策展活動、時尚設計、科技藝術、觀光旅遊、品牌行銷、大眾傳播、鐵道藝術等不同領域專家加入，一起協助臺鐵啟動美學復興。

除了外界專家，臺鐵內部也派出企劃處、運務處、機務處、工務處、專案工程處、資產開發中心與附業營運中心的一級主管，做為美學委員，藉此互相激盪創意，摸索出屬於臺鐵的美學風格。

這些聘自外部的美學委員，採無給職，本著對公部門美學的期待，希望貢獻所長，他們不只是批評，更提供具體建議與協助，讓數月來籠罩在臺鐵頭上的烏雲，總算透出希望曙光。

負責推動美學復興的馮輝昇說：「臺鐵人做事勤勞、態度老實，是名副其實的『古意人』，只專注把事情做好，不太與

外界溝通，而當觀光列車改造受到抨擊和批評時，的確讓大家
灰心喪志，認為做再多努力，外界也看不到。」

面對低迷士氣，如何化危機為轉機，把批評的力量變成正
面前進的能量，是當務之急，亦是臺鐵蛻變的必經過程。

─── 如果臺鐵可以反轉，公部門的美學不再有藉口

吳漢中表示：「樂於幫助臺鐵，是考量到臺鐵美學若能提
升，中華民國美學就有救了；其次，臺鐵是影響千萬人的服務
業，臺鐵變好，臺灣環境也會更好；最後一個原因，是不捨擁
有豐富歷史、文化資產的臺鐵，卻沒有好好發揮，還有許多進
步空間。」

協助尋找美學委員的過程中，吳漢中發現：這些「罵臺鐵
最凶的」人，都是出於愛之深責之切。譬如中原大學建築系教
授曾光宗就是臺鐵子弟，因為母親是基層員工，從小對臺鐵有
著深厚的感情，所以願意幫忙。另一位重要的美學委員張基
義，是台灣設計研究院院長，也曾擔任臺東縣副縣長，他批評
原觀光列車的改造：「都什麼時代了，還可以那麼醜！」

張基義提到，公部門美感提升，民眾會十分有感，「譬如
公務員掏出一張設計精緻的名片，不僅能翻轉過往政府機關給
人的刻板印象，自己也會與有榮焉。因此，如何在最需要美學
設計的黑暗角落點亮一把火，是當務之急。」他認為，如果資
源與人才匱乏的臺東都有機會轉變，那麼，臺鐵更沒有藉口。

驅動整合行銷導演李彥旻分析，臺鐵應該從「先求有」進
步到「再求好」，因為美學經濟是未來趨勢，軟體提升，足以

取代硬體的不足，關於這次的臺鐵美學復興，他深刻體會到：「臺鐵是玩真的！」熱愛鐵路文化的《鐵道情報》總編輯古庭維也說：「從美學改革行動，我們看到臺鐵改變的決心。」

吳漢中認為，成立美學小組，不會讓臺鐵美學一夜之間大躍進，但若能啟動機制，藉由專業示範與教學，讓臺鐵一步步走上正軌，也很值得。過去的經驗讓他體悟到：「公部門的美學改造，成功關鍵必須仰賴首長、中階主管和第一線員工共同動起來；而且，美學與設計力的導入，應該走在案子最前面，而不是在後面追著救火，只要找到對的人，成效就看得到。」

歷經令人痛心的安全蒙難日、無言的美學蒙難日，臺鐵這個百年老店要用美學重塑靈魂，吳漢中堅信：「改變臺鐵的美學設計是歷史一役，一定要戰到最後一刻；如果臺鐵美學能反轉，中華民國美學將不再有藉口。」

▲鳴日號觀光列車黑橘色的外觀，營造出尊榮感。

內外並濟，重塑臺鐵美學靈魂

　　藉由內外共同協力，帶動百年品牌創新與轉變，拉近感性藝術與實用交通運輸工具的距離，讓美學設計成為連結多元文化的途徑，也能重新塑造臺鐵靈魂，再現經典風範。

→

　　臺鐵美學小組成軍之際，同步擬定改革四大策略，包括「車站、建築及路線美學」、「車輛美學設計」、「企業形象及產品開發」、「網路及媒體行銷」，委員也分為四組，各自與臺鐵內部對口及討論。

　　從任務導向來看，「車站、建築及路線美學」重點在於環境美化改善、建築美學提升、歷史建物整建；「車輛美學設計」要落實觀光列車美化、老舊客車整修、新購列車規劃事項；「企業形象及產品開發」旨在強化企業形象提升、商品開發設計、資產開發規劃；至於「網路及媒體行銷」則要打造觀光鐵路、

公共藝術陳設、路線景觀改善。這些目標或許無法短期達成，卻是必要的功課。

張政源期待，透過內部員工與外部美學委員的共同協力，帶動百年品牌創新與轉變；藉由拉近鐵路交通建設與藝術的距離，讓美感設計成為連結多元文化的途徑，最後運用跨域整合技術與設計力，提升臺鐵的創新能量，重塑臺鐵百年靈魂。

—— 任務一：「鳴日號」觀光列車改造

美學小組成立的第一個任務，就是「重新改造『改造過』的觀光列車」。馮輝昇強調：「To see is to believe（眼見為憑）」，與其談得口沫橫飛，不如做出成果，讓大家實際感受臺鐵導入美學後的轉變。於是，第二波的觀光列車微整形計畫啟動，找到優秀的設計團隊「柏成設計」，創辦人邱柏文還曾經寫了一封自我推薦信，表達他對臺鐵的感情和願意幫忙的熱情，令人感動。

邱柏文回憶：「看到第一次改造的觀光列車照片，以及網路上的批評聲浪，覺得光是罵沒有用，如何幫助臺鐵比較實際。」而他的設計也沒讓臺鐵失望。

簡報當天，他感性地陳述：「齊柏林教我們從天空閱讀

▲鳴日號觀光列車的成功改造，宣示臺鐵美學復興運動正式啟動。

臺灣的壯麗，臺鐵教我們用速度記憶臺灣的春夏秋冬。走過一百三十三個年頭，臺鐵跨越所有臺灣人的童年記憶，列車旅程像一部慢活電影，時而金黃稻穗，時而湛藍大海，一道道窗外風光，構築了我們的鐵路記憶，也形成一幅移動之美。」簡報結束後，現場掌聲持續數十秒之久。

全新的觀光列車設計概念定調為「秋天的風」，在七十多年歷史的莒光號車廂中融入臺灣精神，外觀保留傳統莒光號的橘、輔以沉穩的黑，營造尊榮奢華感。

由於觀光列車會環臺運行，因此在內部裝潢上降低色彩感，將窗外的風景帶入車廂內，讓風景成為真正的主角。譬如：車廂裝潢引進臺灣杉木貼皮、花蓮大理石石紋、天然鵝卵石等元素；窗簾設計靈感來自原住民工藝家 Yuma Taru（尤瑪‧達陸）的作品《島嶼四季》，以幾何圖樣堆疊出山脈造形，和窗外山景相互輝映；座椅的藍、灰雙色，是海洋和原石的延伸；地板和天花板採用臺灣高山秋天的橙紅色；頭枕巾不僅從螢光綠改為深藍色，還繡上臺鐵工軌標誌；最能營造氣氛的燈光，

也從日光燈轉為溫暖的黃光，導入美學後，車廂的功能性、實用性全面升級。

改造後的觀光列車名為「鳴日號」，以火車鳴笛聲響強調聽覺信號，也帶有列車專屬聲響的意涵，象徵啟程與到達。當列車鳴響之日，未來即在眼前，充滿對明日的期待，也傳遞出臺鐵美學革新的驅動精神。

──── 任務二：重新定調「通勤電聯車」與「城際電聯車」

正當鳴日號如火如荼進行改造時，為了不再重蹈覆轍，張政源決定把兩種已經決標的 520 輛「EMU900 型通勤電聯車」、600 輛「EMU3000 型城際電聯車」，請美學小組幫忙檢視，重新討論設計。

EMU900 型通勤電聯車，是由南韓現代樂鐵股份有限公司（Hyundai Rotem）所製作，並找來擁有三十年工業和運輸設計經驗的法國創意總監 Philippe Georgel 操刀。流線感的車頭設計輔以 LED 燈曲線，詮釋臺鐵電聯車一貫的微笑特徵，親切、熱情、友善，車輛內裝新穎現代，人體工學設計令人放鬆，列車營造的整體感，優雅而舒適。

至於「EMU3000 型城際電聯車」得標廠商則是日本電機製造商株式會社日立製作所（Hitachi），由日籍設計師野末壯與日立團隊共同設計。

張政源回憶：「當時，日立團隊帶了模組化設計來，並非專為臺鐵客製化設計，我希望他們可以為臺灣設計一款全新車型，而且要和美學小組討論，符合大眾的期待。」後來，張政

源堅持，若設計不修改，就不用繼續開會討論了。這個狀況，對當時日方來說是一大衝擊，因為「日本設計竟然被臺鐵退件，而且還必須和臺鐵美學小組重新討論。」

一開始，張政源曾要求日本派一組設計師來臺灣，卻被拒絕，為此，還特別藉由赴日考察的機會，專程安排到日立總公司，親自和負責專案的最高主管會面，表達臺鐵的立場與重視，並堅定地跟專案最高負責人說：「若不能配合臺鐵的要求，設

計稿不但不能早點達成共識，還有可能會延宕設計的推動與時程。」而當下日方也承諾派設計人員到臺灣，與臺鐵展開團隊運作。

張政源說：「這就是上位者的決心。」由於態度堅持、立場堅定，日立總公司最後同意重新設計。由設計師野末壯深入臺灣觀察風土民情後，提出「Silent Flow－靜謐的移動」的設計概念，以極簡風格與留白，呈現安靜外表下的速度感。

EMU900 型通勤電聯車模擬圖。

車身外觀為白色，車廂間以紅色線條連結，內裝座位用黑白灰為主色調，駕駛艙採黑色玻璃搭配白色車頭。當列車行駛於山海之間，乾淨的極簡風，呼應臺灣美學風景。列車完成後，將優先投入花東線的營運。

南韓樂鐵及日本日立團隊都曾表示：「從未遇過這麼堅持變更設計的客戶。」討論期間，臺鐵與廠商之間的關係，也從一開始的劍拔弩張、歷經抗拒的磨合過程，到最後微笑合影，彼此都有莫大的收穫和成長。

─── 任務三：落實車站減法美學

繼推動車輛改造後，美學小組將目標放在全國各地的臺鐵車站、建築、路線美學改造。過去，民眾對車站內的環境色調、動線雜亂詬病極深，張基義提出「減法美學」概念，認為所謂車站美學，不一定要蓋全新的車站，可以從日常的文物管理做起。譬如針對站內標誌標示、張貼告示單、相關設備及環境整潔等事項，彙整出共通性制定管理原則，再進行美化。

於是，美學委員在幾個月內，馬不停蹄、從南到北實地走訪眾多車站建築，實際會勘，列出八十幾項待改進的項目。包括：把指引排隊方向的紅龍，改為灰色彈性帶；售票窗口牆面簡約化；移除站內多餘雜物；整理外露管線；告示內容整合或重新設計等。目前，已陸續完成臺北、中壢、臺中、彰化、高雄、鳳山、宜蘭、花蓮、臺東站的短期改善事項。

如今，減法美學正默默在車站各個角落實踐，一邊修正一邊傾聽民眾心聲，凝聚共識再往前進。

針對車站改造部分，臺鐵選定瑞芳與十分車站做為首波改造對象，主要是考慮到平溪線在觀光產業中扮演重要角色，如同國際門面。美學小組成員在實地探勘後，列出改善項目，例如候車、票務和公廁都需要整修美化；車站周邊設置地下道或天橋，以連接月台和老街等。

　　中原大學建築系教授曾光宗提到，過去臺鐵車站建築的問題在於缺乏設計介面整合，當不同時期的主政者各自加入意見後，就會讓空間顯得十分混亂；銘傳大學建築系專任副教授褚瑞基以「斷捨離」比喻，「就像一個家庭累積了五十年的雜物，需要處理。」

▼ EMU3000 型城際電聯車模擬圖。

　　再者，進行車站建築維護工程時，長期缺乏設計專業參與，

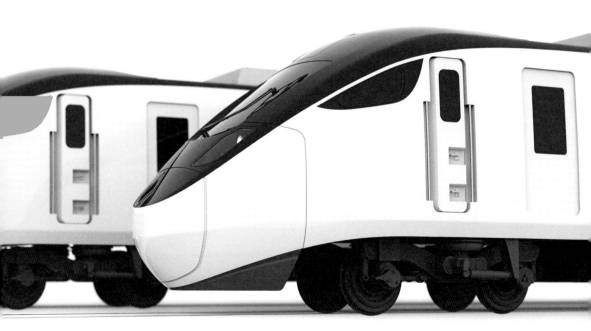

常是東加一筆、西添一畫,暴露出美學素養不足的缺點。最後,便是缺乏職人精神,臺鐵工程技術水準毋庸置疑,但沒有發揮工藝精神,除了落實車站功能性,美學導入無疑也能形塑出職人專業感。

2020 年 10 月,為期十一天的設計展在新竹隆重展開,以「登入城市,也被這座城市登入」為主軸的策展理念,新竹車站自然也成為重要展區之一。臺鐵著手改造,將新竹車站修復為最初面貌,以減法哲學為理念,除去站體內部各種複雜且破壞美學的元素,重整設計售票亭立面、天花板、售票機、指標牌,打造親民友善、符合車站歷史風貌與氣度的空間,展現車站新舊融合的氣度,受到許多民眾的肯定跟喜愛。

──── 任務四:走出去,跨域跨單位合作

美學復興運動的導入,最終還是要開啟與社會大眾對話的契機,而透過跨域合作推出彩繪列車,則是一種不錯的模式。

譬如,2019 年 6 月 3 日,臺鐵與林務局合作推出「里山動物列車 2.0」,將里山動物的故事躍上車身,透過車廂內外各式各樣令人驚喜的設計巧思,開啟人們對自然生態的喜愛,進而關心保育並投入行動。

同年 8 月 7 日,與客委會合作「浪漫台三線──內灣線鐵道美術館」之「山歌列車」活動,將火車、藝術與客家人文風情完美結合,把車站與列車化為移動的鐵道美術館。

8 月 20 日,臺鐵與觀光局日月潭國家風景區管理處共推新一代彩繪列車「國立集集美術館」,正式行駛於集集支線上,

▲池上車站候車大廳與裝置藝術。

以在地特產山蕉為視覺靈感，讓列車換上明亮溫潤的外衣，再融入集集線的風土記憶、豐饒物業和環境紋理，呈現小鎮風貌。

值得一提的是，集集鎮是石虎重要棲地，因此車廂內外隨處可見石虎形象，過程中雖然因為石虎圖像版權問題受到全國矚目，卻也在因緣際會之下，俄羅斯插畫家 Катя Молодцова 授權其創作的石虎圖畫給彩繪列車使用，讓集集彩繪列車在修正後繼續獲得支持，直到 2020 年 9 月才功成身退。

由於這輛列車備受歡迎，南投特有生物研究保育中心也再次攜手臺鐵、林務局，於 2020 年 3 月推出「集集石虎號」彩繪列車，讓可愛的石虎繼續陪伴旅人體會集集小鎮之美。

臺鐵美學復興運動，將美學從設計階段即導入公共建設，進而擴散到其他公部門，展現了臺鐵跨域創新的能力，印證了林佳龍說過的一句話：「臺鐵都做得到，沒什麼不可能。」而這些跨域合作的成功案例，有的列車已功成身退，有的持續行駛，未來，將激發更多創意，帶來更多跨界驚喜。

──── 任務五：品牌建構及識別系統升級

提起臺鐵的企業識別，多數人對其以「台」字與鐵路鋼軌組成、獨特「工軌」標誌符號較為熟悉；然而，隨著時光更迭，臺鐵也必須與時俱進、焠鍊品牌新時代價值。有別於一般改革的「除舊立新」，臺鐵選擇了「存舊立新」，建立新的識別系統字母標（TR 符號），同時保留原有的品牌標誌（工軌符號），保留傳承情感的意涵。

過去，臺鐵的工軌符號，象徵鐵路工整、確實、簡潔有

▲石虎彩繪列車十分受到旅客喜愛。

力的精神；近年來，則以臺灣鐵路管理局英文全名「Taiwan Railways Administration」縮寫的「TRA」為企業識別碼，並在新引進的列車車體塗裝「TRA」字樣，但因造形、字體不一，識別效果有限。經過多次會議討論，最後決定直接採用臺灣鐵路的英文 Taiwan Railway 首字母「TR」，做為全新字母標設計，刪除原本代表「管理」的字母 A，不只視覺更鮮明，從字面上來看也大有意義。「TR」代表的不再是上對下的管理關係，而是真正貼近民眾、蘊含臺鐵要從交通運輸業走向旅運服務業的升級決心。

未來，新舊兩種品牌識別系統將分為兩層面運用。穩重權威的工軌符號是主要元素，運用在管理局、旅運服務等局內組織或正式文信公告，以及資產開發、便當本舖與夢工場等附業。

▲ EMU900 通勤電聯車搭配臺鐵新的識別系統。

　　而「TR」字母標則做為旅運服務的輔助性識別、公關行銷宣傳及商品用途，呈現軟性輕柔、貼近消費者的形象，從第一線服務旅客的同仁名片、服務名牌、海報告示，到新列車外觀、內裝頭套等項目，都能發現臺鐵新品牌識別「TR」的身影，象徵臺鐵從傳承中創新的精神。

──任務六：啟動美感教育學習

　　美學小組成立後，還有一個長期的「課後輔導作業」，就是提升臺鐵員工的美學思維、提供臺鐵服務和行銷建議。2019年4月8日美學小組正式成立，4月30日就規劃了第一次的美學教育訓練講習，由台灣設計研究院院長張基義講述公務美學議題。6月11日舉行的臺鐵「一級主管共識營」，特別邀請嚴長壽、張基義、溫筱鴻、歐晉德及曾國基等各界專家參與講座，針對臺鐵的鐵道觀光、企業形象、美學設計、安全管理、危機處理、資產活化，提供寶貴意見、進行經驗分享。

　　2019年12月13至22日，「鳴日──臺鐵美學復興FUTURE-RENAISSANCE」系列活動起跑，透過首度試乘體驗、論壇、策展等方式，展現臺鐵觀光列車從再改造到完成的兩百五十天心路歷程，引起媒體和社群網站熱烈討論，不僅民眾反應熱烈，當時辛苦參與鳴日號觀光列車改造的臺鐵員工也攜家帶眷支持，驕傲地和孩子分享努力成果。

　　立委吳思瑤曾說：「人可以走，但好的制度應該留下。」未來，無論臺鐵如何蛻變與進步，美學小組都是必要的存在，公部門的美學改革還有好長一段路要走，但是，穿越長長的隧道之後，迎面而來的將是璀璨的光。

從抗拒、磨合、共識到蛻變

美學復興的成功關鍵，就如同張政源所說：「你必須要堅持，不管是美學、軌道經濟，或是其他改革，當我們堅定之後，同仁就會跟著往前走；當我們有成果，大家就會產生信心。」

在美學改造過程中，導入目標管理是臺鐵的重要突破。「一件工作若是沒有擬定工作目標、具體成果，大家會不知道為何而戰，」副局長馮輝昇回憶鳴日號改造工程上軌道後，他找了美學委員、設計團隊和負責同仁開會溝通，告訴大家：「現在設計方案已有高度共識，工作也陸續推動，但仍需擬定具體目標，讓大家的努力可以被看見。」雖然當時並未確定列車何時完工，馮輝昇卻大膽提出第二個不可能的任務：「年底來辦一場美學策展。」

這個提議獲得張政源的支持與美學小組的認同，並增加論壇活動，成為結合展覽、論壇與觀光列車體驗的年度盛事。

───**美學復興策展，與社會大眾溝通**

而這場讓臺鐵重新找回自信的系列活動，實現了臺鐵美學改革的決心與成果，也藉此與民眾溝通，進而獲得社會的支持與肯定。

▲ 鳴日號觀光列車的改造
受到外界肯定，讓臺鐵人
對美學改革信心大增。

　　策展主題原為「鳴日──FUTURE」，但其實，也是臺鐵的文藝復興運動（Renaissance），因此最終將活動名稱定為「鳴日──臺鐵美學復興 FUTURE-RENAISSANCE」。

　　源自 13 世紀的歐洲文藝復興（Renaissance），是工業革命的起源，當時不同領域菁英聚集在沙龍、咖啡館，相互交流，激盪出無限的創意。因此，臺鐵在推動美學復興時，就是用 Renaissance 的概念，希望讓大家感受到臺鐵擁有一百三十多年的歷史，鐵道文化豐富，也提醒大家：臺鐵曾經有多美。

　　規劃策展活動時，大家一致認為，若只展示鳴日號觀光列車，不夠多元，不妨加入「EMU3000 型城際電聯車」和「EMU900 型通勤電聯車」，匯聚三個案子的力量，即使設計團隊分屬臺灣、日本、韓國和法國，但合作對象都是臺鐵，同

▲ 2020 年美學委員會舉辦年度第一次會議。　　　▲ 鳴日號策展活動設計感十足，獲得參與者的肯定。

樣經歷過衝突、妥協、合作到完成，本質上都秉持著彼此信任、互相尊重、協力合作的團隊精神。

　　這樣的想法起初並沒有獲得全面的支持，尤其韓商、日商非常反對，因為全世界沒有這種案例，才剛設計出來的作品就要展示。直到經過不斷溝通與說服，最後，日、韓團隊不只積極投入，也參與論壇活動，共同完成這項不可能的任務。

　　策展活動特別找來金曲獎視覺設計師顏伯駿操刀，發想出以山景、海景、夕景為意象的視覺海報「鳴日」，透過極簡色調詮釋三款列車急駛時窗外的自然景色，藉此描繪列車和環境融為一體的理念，風景中見列車，列車即是風景。

　　三款列車三種展覽空間，分別展示改造或設計後的新車，讓大家看到火車不僅是一種交通工具，也代表臺灣獨特的意象識別，串連起臺鐵與人的情感連結。

　　原定三天的活動，因為迴響熱烈，最後延長為十天，史無前例獲得社會共同好評，網路聲量更是達到十萬個讚，參觀民眾莫不驚豔「原來臺鐵可以這麼美」，對於全體員工來說更是莫大的鼓勵。

張政源說：「臺鐵要展開由內到外的美學改革，和民眾溝通新價值，從設計美學詮釋再造，進而揭開臺鐵全新未來式的序幕。」

── 挑燈夜戰審稿，從對立到溝通

2020 年 10 月，鳴日號觀光列車獲得日本「2020 Good Design Award 設計大獎」，成為臺鐵美學復興最亮眼的成績之一，在閃亮光環和甜美果實的背後，則是團隊小組無數次挑燈夜戰的成果。

馮輝昇說：「第一次的改造會議，可以用『驚濤駭浪』來形容。」身為主席的他回憶，開會當天，台灣車輛股份有限公司（簡稱台車，首批 16 輛列車的改造工程單位）、臺鐵機務處和附業營運中心同仁、美學委員全數列席，從設計師開始簡報起，就聽得如癡如醉。簡報結束後，眾人給予熱烈掌聲，問大家有沒有意見？沒有就立刻執行，各單位卻紛紛發言表示：「列車設計很美，執行起來不可能。」

已有數十年製車經驗的台車，覺得設計師過於天馬行空、不切實際，接下來，與會者紛紛站起來捲起袖子解釋自己的想法，大家你一言我一語，感覺快要打起來，直到晚上八點多爭論還沒結束，連美學委員也面有難色，想逃離戰場。

經過第一次會議，馮輝昇有感而發，告訴大家：「不要預設立場，不要馬上就說不行，我們是一個團隊，不是甲乙丙三方，不能只談責任、權利、義務，而是要互相尊重、信任、協力合作，唯有如此，大家才能取得共識。」

之後開會，也不再使用馬蹄形會議桌，因為馬蹄形象徵權威，彷彿主席決定一切，但推動美學無法只靠一人決定，必須仰賴團體成員尊重別人發言，並且用心聆聽。後來，美學小組開會一律採方形桌，開會型態也有所改變，雖然大家最後還是會站起來擠到主席身旁，卻不再是一副咄咄逼人的樣子，而是態度和善地溝通，眼神相互交流，從過程中迸發出創新想法。

──臺鐵人的蛻變，勇敢接受挑戰

參與觀光列車改造的高雄機廠廠長謝進崑回憶：「第一次改造觀光列車辦完首航後，看似平靜且風光，卻在當晚引起外界譁然，團隊心情盪到谷底、不知所措。」他心想，自己負責機務檢修，成天埋首車輛安全維修，用「黑手」形容也不為過，哪知道製造一輛車不但要注意安全，還要兼顧美學。

後來，謝進崑也跟著張政源到臺中花博取經，笑稱自己有如劉姥姥逛大觀園般，無法體會美的藝術，只知道看起來很美。直至美學小組及柏成設計加入後，謝進崑才逐漸體會到，美學改造不只是說說而已。

謝進崑回憶：「改造會議大多下午開始，等到會議結束，搭火車返回高雄，幾乎接近子夜。我坐在火車上，常凝視車廂，回想會議中的共識，腦中浮現美麗的設計圖，滿懷憧憬。」

經過緊鑼密鼓的奮戰，第二代微整形的觀光列車總算進入驗收，謝進崑記得當列車從台灣車輛送至臺北檢車段時，全車包緊緊奔馳於公路上，雖然努力避免火車尚未發表就曝光，但仍然引起廣大鐵道迷注意，爭相捕捉車輛移動的瞬間身影，並且立刻在社交網路引起熱烈討論，讓團隊士氣大振。

在臺鐵服務近三十年的花蓮機務段副段長江正龍，對於突如其來的美學改造任務，同樣徬徨挫折，直到看到設計圖「秋天的風」才放下心中的大石頭。設計師簡報結束，他第一個鼓掌，眼角還泛著淚光，心裡想著：明天的路雖然艱辛，但至少知道該往哪裡走了。

此外，江正龍也需扮演首次設計火車的邱柏文和已有多年造車經驗的台車之間的橋梁，「當兩方意見衝突時，我會去了解雙方想法，試著溝通，化解成見。經過多次歷練，之後到台車召開工作會議，觀察到他們已經能及時發現並解決問題。」經過數月的辛苦改造，新車展示這天，台車同仁接受媒體訪問時表示：「原來我們也能做出美麗的火車。」讓許多人心有戚戚焉。

謝進崑也表示：「以後面對工作上的挑戰，我會先努力看看，不再輕言說不。」他認為，觀光列車改造翻轉了臺鐵美學歷史，由於過程艱難，必須仰賴團隊努力，重新發表後獲得社會大眾的好評，每個人都獲得莫大的鼓勵。

張政源曾經在「鳴日 ── 臺鐵美學復興 FUTURE-RENAISSANCE」論壇中，分享他對臺鐵美學復興運動的觀察：「美是一種溝通，需要學習，對於過去習慣從工程與實用角度看待火車的百年臺鐵來說，第一次改造觀光列車的挫折，不是失敗，也不是終點；而是一個開端，是一種提醒，更是動力，藉由向各領域專業者學習交流、討論分享、達成共識的過程，將使臺鐵重獲自信，企業文化重新塑造，這場美學復興運動不能停歇。」2.0 接力啟程。

chapter

台鐵便當
成為日常美好滋味

一個 60 元的排骨便當，蘊含了兒時搭火車返鄉的回憶，
臺灣人對台鐵便當總有一股依戀。
隨著時代更迭，便當也必須走上品牌化的路，
如何跨界合作、借力使力，
弭平組織內部的不安，學習與外部單位合作，
讓台鐵便當不僅是長輩的回憶，更成為年輕世代的選擇，
考驗著臺鐵人的智慧與包容心。

一個便當，
帶來改變與前進的力量

　　品牌跨域合作近年來成為行銷顯學，藉由品牌強強聯手，突破同溫層，交換粉絲，勇創新市場，再造銷售佳績。而百年老店臺鐵也跟上跨界聯名腳步，展現打造品牌形象的企圖心。

　　2020 年 5 月 19 日，位於臺北車站的臺鐵大樓第一會議室，交通部部長林佳龍、臺鐵局局長張政源、全家便利商店董事長葉榮廷排排站，每位貴賓臉上都掛著大大的微笑，手上拿著八款封面印上不同臺鐵車廂的鮮食產品亮相，鎂光燈此起彼落閃個不停。

▼ 2020 年 5 月，臺鐵與全家便利商店聯名商品上市記者會，交通部部長林佳龍（中）特別前來見證。

這場「臺灣鐵路管理局 X 全家便利商店」記者會，宣布臺鐵和全臺有三千六百多個據點的全家便利商店策略聯盟，用加乘（X）的力量，帶領台鐵便當走出車站。「這是臺鐵企業化經營的一大步，」林佳龍在記者會上，以「創舉」肯定臺鐵往創新轉型大步邁進。

───強強聯手，創造銷售佳績

　　事實上，這不是臺鐵第一次試著與其他產業合作授權便當就成功的案例。深知台鐵便當是許多臺灣人兒時的美好回憶，蘊含著早期臺灣人南來北往、移動城鄉之間打拚的刻苦精神，臺鐵幾年前就希望將台鐵便當打造成一個庶民美食品牌，透過加盟或授權合作，讓更多人即使不用坐火車，也能品嘗到古早味排骨便當。

　　張政源說：「許多旅居國外的朋友，每次一回臺灣，第一件事情就是直奔火車站買一個排骨便當，撫慰思鄉的心情，即使是見多識廣、嘗遍世界美食的大老闆們，也不例外。」

　　張政源上任後，積極推動各項改革，並成立資產開發中心及附業營運中心，更責成附業營運中心加速推動台鐵便當加盟與授權的腳步，卻始終無法突破。

　　2020 年上半年，受到新冠肺炎疫情衝擊，乘客不能在車上吃便當，臺鐵及高鐵車上無法銷售便當，使台鐵便當銷售量和收入，比起前一年同期下滑三成多，臺鐵內部因便當帶來的營收衝擊壓力之大，可想而知。

　　「這是臺灣鐵路歷史上很重要的一刻，」張政源表示，和

全家授權聯名成功，無疑是讓業績壓力鬆了一口氣。「而和全家合作後，有了授權金增加營收，台鐵便當不但走出改變的第一步，相信對營業額的提升也十分有幫助，」他在記者會上笑著說。

另一個品牌聯名的主角——全家便利商店，又可以增加多少營收呢？全家便利商店董事長葉榮廷在記者會上表示：「與臺鐵授權合作開發八樣商品，如果每家分店每天每種品項各賣一個，全家年營收可以增加八億元。」這次的合作，臺鐵和全家採用收取權利金的方式，雙方簽約一年，以台鐵便當的排骨、滷蛋、酸菜等經典元素為主軸，開發不同鮮食產品，每季推出。

──內部激烈反彈，別人怎麼能賣台鐵便當

「一百多年的老品牌，要怎麼跳脫傳統框架，將百年精神和快速變動的便利商店產業結合？這對臺鐵來說，要有十足的勇氣，」全家便利商店鮮食部部長黃正田，參與這次和臺鐵的授權合作案後，對台鐵便當想要改革的決心印象深刻。

▲全家鮮食部部長黃正田認為，要與快速變動的便利商店產業結合，臺鐵需要有十足的勇氣。

而完成這個「不可能任務」的靈魂人物，便是當時的附業營運中心總經理林佩君。行事作風明快果斷的林佩君，形容自己「不做可以找一百個理由，要做只要一個理由，就衝了。」

　　2020 年 1 月，林佩君離開服務多年的觀光局，調任到臺鐵附業營運中心，1 月中上任後，2 月便打了第一通電話跟全家便利商店總部約見面，5 月下旬「臺鐵 X 全家」第一波鮮食上市。從第一次見面到上市，前後只花了不到三個月的時間。

　　表面上看起來沒有花太多時間，但要讓臺鐵人最驕傲的台鐵便當上架全家，尤其是讓最佳主角「滷排骨」走出臺鐵廚房，遇到的挑戰比想像中多得多。

　　臺鐵滷排骨的做法和配方，向來都是各餐務室的最高機密，六個餐務室都有自己的「撇步」，滷出來的排骨風味不同，也各有一票鐵粉。臺鐵甚至還在 2012 年舉辦了一場「台鐵便當香滷排骨 PK 賽」，讓台鐵便當迷選出心目中最好吃的滷排骨，滷排骨在臺鐵擁有「神聖不可侵犯」的地位可想而知。連自家人都留一手，遑論跟外人分享。

　　林佩君不諱言地說，臺鐵廚房的資深員工，對於要把自家最引以為傲的滷排骨便當拱手讓人銷售這件事，非常不能接受。「當屬於臺鐵的東西，再也不是只有臺鐵員工自己可以做的時候，那是一種強烈的被剝奪感，」她透露，當時內部反彈強烈，甚至有委員以「拒絕出席授權會議」表達態度，也有不少人認為這是「賤賣家產」、「賤賣品牌」的行為。

　　後來，附業營運中心團隊以「只有臺鐵才能賣正宗台鐵便當」為前提，規定全家不能賣台鐵便當，只能從台鐵便當的「元

素」去發想創新，也不能在臺鐵車站裡的 31 家全家據點販賣臺鐵聯名鮮食，希望能藉此平息內部的不安與反對聲浪，但林佩君坦言，員工心裡那個坎還是跨不過去，「同仁不希望別人做得比我們好，卻也擔心合作對象做不好，會砸了台鐵便當的招牌。」

──這一步踏不出去，想突破就難了

臺鐵員工的心理障礙，黃正田感受非常深刻。他回憶，當時全家鮮食團隊到臺北餐廳觀摩滷排骨製程，再請廚房提供紙本的配方做參考時，臺鐵規範全家團隊只能用「看」的，「其實用『看』的只能看到皮毛，到底怎麼做？根本學不來。」

不但如此，團隊回到全家中央廚房要試做，才發現紙本配方卡卡的，應該是留一手了。滷排骨其中的「眉角」，最後還是靠研發部門買台鐵便當回來試吃，自己揣摩口味。

臺鐵附業營運中心業務科科長陳依伶坦言，臺鐵當時只能告訴全家，排骨跟誰買、醬油是哪一家的，也讓全家團隊進廚房看製作過程，「其他的，就要靠他們自己了。」

▲臺鐵全家聯名商品：里肌豬排長堡。

▲臺鐵全家聯名商品：大口飯糰經典滷排。

不僅基層員工，內部的授權會議上，各委員也有不同聲音：「全家做出來的東西口味可以嗎？」、「我們便當賣得好好的為什麼要跟人家合作？」、「你們談這個授權金未免也太少，我們的價值就只有這樣？」

「如履薄冰，完全可以形容我當時的心情，」林佩君說，心態保守、組織龐大的臺鐵，本來就不容易改變，好不容易跨出和全家便利商店聯名合作這一步，如果沒有成功，以後恐怕就很難再有機會突破了。

──新合作新刺激，拋開無法改變的陳舊思維

儘管一開始有防衛心，不過林佩君觀察，當全家端出八項以滷排骨為主軸的創新鮮食，還是讓員工有耳目一新的感覺。尤其是主廚，看到滷排骨、酸菜、滷蛋原來可以做出不同的可能與變化，不但開啟了新視野，甚至刺激出許多新創意。

比方，全家推出團購冷凍包裝的滷排骨，四天就突破 25 萬片的預購量，就給了臺鐵餐廳靈感，著手開發冷凍商品，要搶占「剪刀經濟」商機。

根據臺鐵統計，從 5 月聯名起跑至 8 月底，和全家便利商店的商標授權金，累計金額已有約 369 萬元。而全家方面，從 5 月底到 9 月上旬，也已經賣出超過 140 萬個聯名鮮食，創造破億元業績。不僅交出一張漂亮的成績單，林佩君認為，「台鐵便當 X 全家鮮食」授權聯名最大的意義，是促成臺鐵內部的溝通，有機會拋棄「怎麼可以這樣！」、「絕對不能這麼做！」的框架和意識型態，帶給百年臺鐵改變、前進的勇氣和力量。

一趟尋找品牌定位的奇幻旅程

　　1887 年成立、1891 年開始通車的臺鐵，因為運輸本業連年虧損，始終無法擺脫賠錢的陰霾。自 2019 年 3 月成立資產開發中心、4 月成立附業營運中心，開始從資產活化提高營收，也開啟不同的新氣象。

　　2020 年 5 月，附業營運中心以「六項成績單」為標題，發布慶祝成立滿週年的新聞稿，新聞稿中指出六項具體成果，包括：完成環島供應鏈、鐵路便當節營收成長兩倍等，朝氣蓬勃充滿衝勁，和本業虧損的低迷氣氛，形成強烈對比。

──台鐵便當創造了臺鐵奇蹟

　　而附業營運中心的主要負責業務之一，就是被稱為「臺鐵小金雞母」的台鐵便當。

　　正所謂「本業不賺錢，附業找方法」。台鐵便當近年來年營業額快速成長，從 2007 年的年銷售 337 萬個便當，到 2017 年全年賣出 1,018 萬個便當，成長三倍。2019 年一整年賣出的便當數目為 1,053 萬 9,706 個，也就是平均每天在全臺灣的臺鐵車站和列車，可以賣出兩萬八千多個便當，為臺

臺鐵於 2020 年新竹設計展推出台鐵便當設計概念店，打造出
經典雋永又富有未來感的品牌形象。

鐵賺進一年超過 7.58 億元的營收，在附業中的營收僅次於資產開發與活化。

　　台鐵便當原先在臺北、臺中、高雄、花蓮、七堵餐務室五個供應站製作，供應站稱為「餐廳」，以臺北餐廳產量最大，每天約生產一萬兩千個便當；高雄餐廳次之，約五千個便當。附業營運中心成立後，除了將原有的臺北、臺中、高雄及花蓮餐廳改制為餐旅所，並建置臺東餐務室，兼顧全島北、中、南、東各區發展，完成環島便當供應鏈。

　　每天清晨六點，位於臺北車站地下一樓的臺北餐廳，員工們已經忙碌起來。早班得備菜、驗收，七點半開始手工敲滷排，八點鐘兩條生產線才能準時開工做便當，趕著給半小時後開賣的台鐵便當本舖，送上第一批熱騰騰的新鮮便當。

　　其他幾個餐旅所／餐務室也是如此，才能應付上午十點就開始在全臺 26 個火車站、31 個據點出現的排隊買便當人龍，有人抓了便當趕火車，有人提著便當坐高鐵，還有人則是特地

▲許多人坐火車一定要吃台鐵便當，是一種回憶也是儀式。

到火車站買便當一解口腹之欲。「廚房最尖峰是上午十一點到下午一點，每天這兩個小時都像是在打仗，廚房裡的便當根本是用飛的，」臺北餐廳經理蔡毓敏笑著說。

── 便當連結成長的回憶

台鐵便當到底有什麼獨特魅力？附業營運中心副總經理陳文川說，第一個當然是真材實料，60 元就可以吃到一塊 100 克重的滷排骨、滷蛋、豆皮、高麗菜，配上份量十足的白飯，「現在哪裡還買得到這種高 CP 值的便當，根本就是佛心價。」60 元的經典排骨便當也因此長年盤據銷售榜前三名。

其次，台鐵便當之所以吸引人，和它與人們的兒時記憶緊密連結有關。臺灣的「便當」，是從日語的「弁當」（べんとう）演變而來。雖然日本時期臺鐵就有特殊的火車車廂專門販售餐飲，但一般民眾根本負擔不起，大多利用火車靠站時，向在月台兜售的小販購買飯糰、番薯餅之類的小點心果腹。後來池上車站、福隆車站相繼出現背著木製便當箱，在月台邊走邊叫賣的業者，是最早期的「火車飯包」。

1960 年，臺鐵成立「小營服務部」，之後陸續在松山、臺北、臺中、嘉義、臺南、高雄站，統一生產鐵路便當送到列車上販賣，便當逐漸成為臺鐵除了運輸之外的主要商品。

1950 ～ 1960 年代，許多人離鄉背井、出外念大學、服兵役、工作，唯一的交通工具就是臺鐵。離鄉時的鄉愁與依戀、返鄉時的興奮與期待，全都和火車上這一個熱騰騰的便當連結在一起，成為承載記憶的重要味道。

行政院院長蘇貞昌於 2019 年參加鐵路節活動時曾經分享：
「讀大學時，寒暑假都是搭火車回屏東，大學生很窮，臺鐵為
服務學生還開學生專車，台鐵便當為什麼風靡全臺，那不只是
一塊排骨、一顆蛋，而是成長的歷程，是臺鐵給我們的溫飽及
溫暖的回憶。」

　　交通部部長林佳龍也曾經在臉書上分享：台鐵便當完美呈
現了臺灣滋味，細數便當菜色，還透露他最愛的就是「人氣爌
肉便當」，這篇貼文更用英文為台鐵便當打廣告，讓海外遊子
懷念臺灣美食。

　　劉克襄更在一篇專欄文章〈鐵道便當也是火車頭〉中提到：
「臺鐵亦可藉由鐵道便當，以最尋常的旅行，展現各地風物的
非凡。鐵道便當是另類火車頭，透過良好的包裝和宣揚，一樣
能亮麗地秀出臺灣。」

　　網路上對台鐵便當的評價也很高。就曾有部落客發文分享：
「小時候過年、放假坐火車回南部外婆家時，最期待的兩件事，
一個是過山洞，另一個則是吃台鐵便當。儘管長大後不常搭火
車，但只要經過臺北火車站，總是會特別彎進去，買個排骨便
當，回味一下。」還有網友說：「臺鐵的排骨便當很奇怪，就
是有那種致命的吸引力，經過不買都不行。」

　　「對四、五年級生來說，就是這個味道，跟著他們一起去
打拼、一起回家團聚、一起出遊、一起旅行，這是一種溫暖的
記憶，」主責便當業務的附業營運中心業務科科長陳依伶分析，
那個記憶中的甘甜滋味，勝過任何山珍海味。

　　台鐵便當雖然帶來美好的回憶，但現實總是殘酷的。花

▲宜蘭櫻桃鴨風味便當是依據宜蘭在地特產所製作的特色便當。

▲便當品牌化的推動不僅展現在授權或產品開發上，連對外形象都有所提升。

60 元銅板價就可以吃到有肉有菜的便當，在物價逐年飆高的時代，的確為人們帶來小確幸，可是對於臺鐵來說，卻有著沉重的經營壓力。

「臺鐵是公家單位，賣便當得配合政府『凍漲』政策，經典排骨便當 60 元的售價從 1990 年開始，已經三十年沒有調漲，」陳文川坦言，物價一直漲，便當卻凍漲，完全無法反映原物料和便當盒逐年增加的採購及人事成本，臺鐵不得不想辦法突破停滯不前的獲利。

───擺脫 60 元魔咒，推出特色便當

事實上，早在這兩年臺鐵積極推動改革之前，台鐵便當就開啟了一連串的改革運動，除了想打造便當「品牌化」之外，也希望透過推出不同的新產品，另闢戰場，提高獲利。

於是，臺鐵開始將觸角延伸到特色便當。譬如 1995 年推出的 80 元八角排骨便當、100 元的懷舊排骨菜飯便當，甚至有各地限定口味的「特色便當」，藉由全新的原料組合，訂

出更適合的價錢，突破經典排骨便當缺乏調整定價彈性的天花板，創造更高毛利。

新系列的排骨便當既已推出，就得想辦法讓社會大眾知道，可是公部門沒有行銷預算，只能自己想辦法行銷，把「品牌」做出來，陳依伶苦笑說：「我們用的是土法煉鋼的方法。」

千禧（2000）年，為了慶祝臺灣鐵路 113 週年推出的懷舊便當，臺鐵特別請來有超過三十年製作便當經驗的老師傅，親自製作傳統風味的排骨菜飯便當，裝在不鏽鋼圓形飯盒裡，盒蓋刻上 CK101（臺鐵第一台動態保存的蒸汽火車），再加上一副鋁筷、一個手提袋，取名「臺灣鐵路懷舊便當」，一個賣 250 元，限量一千份。

時任餐旅服務總所總經理的陳清標，曾經在接受媒體專訪時回憶，便當正式銷售的前一天中午，連攤位都還沒擺好，就有民眾在火車站大廳排隊，臺鐵原以為是來買車票的，不以為意。沒想到晚上九點，隊伍愈來愈長，還有許多從外縣市趕來的老人家，一問之下才知道是在等隔天的便當首賣，「真沒想到，比過年買車票的人還多！」

隔天早上九點開賣，一千個便當二十分鐘內完售，臺鐵趕緊宣布可以加訂，當天就預訂了超過一萬個，千禧年活動結束後統計，一共賣了七萬個懷舊便當。

─── 創新為工作模式注入新能量

這一次的完美出擊，為臺鐵注入一劑強心針。從那年開始，每年鐵路節，臺鐵都會更換不同的不鏽鋼飯盒圖案，推出年度

懷舊便當，讓鐵道迷收藏。陳文川透露，懷舊便當每年都創下不錯的銷售佳績。

不只臺灣人熱愛，2003 年，這個不鏽鋼圓盒懷舊便當到日本參加便當大會，每天限量供應七百個，都在開場不到十五分鐘內秒殺。還有一位日本老太太，因為在日本搶不到，特地飛來臺灣坐火車，為的就是要吃到台鐵便當，一圓心願。

為鼓勵員工開發特色便當，2020 年初從觀光局調到臺鐵擔任附業營運中心總經理的林佩君（2020 年 7 月轉調觀光局主任祕書），上任後加重創新考評的比重，只要開發創意特色便當就可以加分，分數愈高則愈有機會拿到考績甲等，連帶影響獎金多寡。

這些創新突破，不只為臺鐵創造更多營收，對日復一日在廚房裡做便當的第一線員工來說，也注入了新能量，提升原本僵化的便當產能。

以臺北餐廳為例，兩條生產線以往全部都在做排骨、雞腿、素食，配比固定，廚師和營養師每天就跟機器人一樣，重複做一樣的事情，久而久之流程變成習慣，難免產生倦怠感。而藉著開發特色便當，員工有機會重新思考工作流程和動線，產線彈性增加了，也腦力激盪出更多提升效率的方法。

─── **策略性推動台鐵便當品牌化**

但無論產能多高、效率多好，臺鐵六個餐務室，受到各種軟硬體的現實限制，營收逐漸觸頂，年營業額已經在七億多元徘徊多年，「走出車站」成為近年幾任臺鐵局局長的共識。而

2020 年遭遇新冠肺炎疫情重擊，車站、車廂都不能賣便當，台鐵便當銷售量銳減三成，這一步更顯得勢在必行。

　　知易行難，尤其對臺鐵來說，這一步更是不容易。林佩君深知，她來臺鐵的主要任務之一，就是完成「帶著台鐵便當走出車站」的目標，「我把台鐵便當看成一個品牌，首先要打破的就是『賣便當有賺錢就好開心』的傳統想法。」

　　張政源則分享：「我們對台鐵便當有策略性規劃，最初希望開放便當加盟，藉此讓台鐵便當遍地開花，但經過調查研究之後，發現要找到符合臺鐵要求的加盟合作廠商並不容易，所以適度調整，從品牌授權開始，啟動便當走出車站的第一步。」

　　事實上，臺鐵很早就開始進行便當加盟的可行性研究，發現加盟合作需要解決店面及廚房設備的問題。生產線要有中央廚房，符合食品安全管制系統準則（HACCP）認證；要有銷售通路，因為沒有通路能量便當就賣不出去，林佩君說：「要找到符合這些門檻的加盟商，十分困難。」

　　譬如：找團膳業者，擔心沒有通路；找航空公司空廚，除了當飛機餐，通路廣度不夠，而且上飛機的烹飪、保存方式，已經遠遠超越「熱騰騰、兩小時內食用完畢」的台鐵便當能夠想像的範圍，林佩君說：「既要符合臺鐵的核心價值和精神，又不能衝擊現有的生產和銷售，這太複雜、牽涉層面太廣。」

　　「與其在加盟選項上卡關，不如另闢戰場，」林佩君想：「我們有沒有機會和品牌合作，借別人的中央廚房來做這件事？」希望跨界合作，藉著不同領域間互相碰撞，激盪出全新火花，「聯名」的概念逐漸成形。

───── 跨領域找尋合作機會

　　確定朝聯名的方向走之後，林佩君上任後兩個月內，迅速
組成一個包括陳依伶在內四、五人的迷你團隊，以打游擊戰的
方式，抱著只許成功、不許失敗的決心，一起往前衝。

　　「產品走出去之前，我們人要先走出去，」林佩君親自領
軍，帶著團隊四處拜訪談合作。「這對不常和外界交涉的臺鐵
員工來說，格外困難。」回想這一段尋找聯名合作的過程，陳
依伶坦言「事非經過不知難」，但也是「事非經過才知樂」。

　　一開始的目標是飯店業者。品質沒問題，廚房等級也有
HACCP 認證，沒想到業者提出「進到臺鐵車站販賣便當」的
條件，碰觸到臺鐵內部「絕不可和台鐵便當同台」的天條，合
作破局；後來甚至嘗試過進遊樂區銷售，卻也不順利。

▲全臺每天銷售上萬個的台鐵便當，可以說是臺鐵獲利的小金雞母。

林佩君回憶，在那段期間，只要跟任何其他領域的夥伴開會，結束前她都會問：「台鐵便當如果要改變，你會有什麼想像和期待？」有一次和設計師聶永真見面，她也拋出同樣的問題，聶永真說：「如果有一款漢堡，裡面是臺鐵的滷排骨，應該很不錯！」

　　於是，林佩君馬上帶著團隊前往知名速食品牌敲門洽談，可惜也沒有後續發展。「原以為台鐵便當的品牌滿熱門，應該很好談，沒想到不如預期中順利，」陳依伶坦言當時難免有挫折感，「踏出車站才更清楚外界如何看待台鐵便當。」

─── 擺脫果腹角色，重新定位台鐵便當

　　「這對臺鐵內部來說，是個非常重要的機會教育，」林佩君認為，臺鐵人總是自豪於台鐵便當，但實際走出去之後，才發現與外界眼光有落差。這樣的衝擊當然是很大刺激，但也因此才有機會離開舒適圈，找到台鐵便當的品牌特質和定位。

　　在一步一腳印中，附業營運中心逐漸梳理出台鐵便當的品牌特質，是平價、方便、親切，最後轉往與品牌特質相符、甫於 2019 年夏天進駐臺鐵 26 站點，設立 31 店鋪的全家便利商店，在 2020 年 5 月 20 日推出以滷排骨為主角的八款「臺鐵 X 全家」跨界聯名鮮食，再度深化合作。

　　在販售台鐵便當超過七十個年頭的 2020 年，台鐵便當終於成功走出車站和車廂，進入全臺三千六百多家全家便利商店，甚至在沒有火車的離島，也能吃到台鐵便當的經典好滋味，展現台鐵便當掙脫「止饑果腹」角色的企圖心，宣告台鐵便當正在以全新姿態，企圖成為一隻翩翩飛舞的美麗蝴蝶。

跟著台鐵便當吃一圈臺灣，彷彿也進行了一趟物產之旅。

便當品牌化帶來衝突與對話

要員工改變想法，有時就像讓象龜轉身。衝突是必然的，不用害怕，因為只有在衝突後，彼此才能開啟對話。從便當授權改革中，臺鐵歷經了一段衝突、對話與心態轉變的過程。

台鐵便當成功和全家便利商店聯名授權，象徵跨界合作、交換粉絲，具有突破銷售困境的重要意義，也宣告台鐵便當正式從商品邁向品牌 IP 化的進程。臺鐵以辦喜事的心情開記者會，要讓外界看到便當轉型的決心和新氣象。

可是，長官宣示革新，基層員工能夠理解嗎？

———台鐵便當無法被取代的內涵

朱昱光，現任臺北餐廳的餐務班長，已經在臺鐵服務十五年。台鐵便當的每一個環節、每一道食材的份量、調味，怎麼樣的豬里肌肉該多滷一會兒，什麼時節的一等米火候得多一點、少一些，只要讓他看一眼就能判斷。

「這就是台鐵便當好吃的祕訣啊，為什麼我們的滷排骨吃起來就是不一樣？講白了，就是手工，師傅的功力，」朱昱光

說，為了想增加產量，製作便當的團隊也曾經參觀全自動化的便當工廠，「他們連飯鍋都不需要人去煮，把米灌下去就變成白飯；菜、排骨也都是這樣。後來一試吃，口感就是機器做的，沒有溫度。我們為什麼要讓旅客吃機器做的米、滷的排骨？」

熱騰騰、手工現做的火車飯包，是台鐵便當的溫度、也是驕傲，更是精神所在。那麼，和全家合作的鮮食產品呢？

朱昱光認為：「台鐵便當的排骨不能太濕、白飯不能太軟、高麗菜不能太爛，每種味道各有各的姿態，可以吃出不同層次。便利商店的產品得用微波復熱，所有味道全混在一起，排骨不像排骨、菜不像菜。」

「往前走是好事，但是在跨出這一步之前，是不是應該先站穩自己的腳步，把本分顧好？」臺北餐廳經理蔡毓敏透露，以食品安全的要求來看，130 坪的臺北餐務室，每天最高產能只有八千個便當，但現在卻衝到一萬兩千個，顯然工作環境、設備、人力都需要擴充，可惜基層的需求沒被看見，只看到長官們全力往外衝，「難道向外發展，是萬靈丹？」

蔡毓敏心目中的改革，應該要回到「起家」的源頭，想一想要提供旅客的是什麼？旅客在意的又是什麼？然後把便當做好，滿足每一位購買台鐵便當的消費者。

──改變必然衝突，衝突才能對話

一位老臺鐵人曾經在對媒體談到台鐵便當改革時，直言不諱地指出：「台鐵便當幾十年來，就像是踩著西瓜皮一步一步往前滑，走太快，就會跌倒。」他認為，臺鐵積極拓展便當業

務，和便利商店合作，如果只是為了賺錢卻不夠接地氣，消費者不見得買單，甚至會間接砸了台鐵便當這塊金字招牌。

顯然，台鐵便當正在經歷從商品轉型為品牌化時，階層間磨合的陣痛期。

「其實，第一線員工的想法，正是台鐵便當無論要加盟、授權或做任何改變，都無比困難的原因，」主導台鐵便當聯名授權全家、現任觀光局主任祕書林佩君說，台鐵便當內外場員工薪資結構，和銷量有直接關係，便當賣得愈多，員工的獎金就愈高。當便利商店、坊間便當店都可以買到台鐵便當，或是「類」台鐵便當，就有可能減少旅客、民眾到火車站、車廂買台鐵便當的意願，更會直接影響員工每個月的收入。

「這是一個很複雜的心結，也是很嚴重的勞資問題，長久以來在臺鐵內部是很忌諱碰觸的事情，」林佩君輕聲說道。要員工改變想法，有時就像是要讓象龜轉身。衝突是必然的，不

▲元氣松阪豬便當是新冠肺炎疫情期間為了刺激便當銷量而特別研製。

▲每天早上臺北餐廳廚房的忙碌景象，用打仗形容也不為過。

用害怕，因為只有在衝突之後，彼此才能開啟對話。

　　衝突與對話，則是和臺北餐廚員工共事的蔡毓敏每天要面對的工作日常。「坦白說，臺鐵的組織體制就像是吃大鍋飯，員工最怕『人愈多，吃到的飯愈少』。」在臺鐵擔任幕僚工作十多年的蔡毓敏，三年前調到臺北餐廳後，第一次參與「前線」作業。她坦言：「辦公室和現場工作人員，心裡想的確實大不同。」

　　「象龜想要跳舞。但長官們或許不明白，發號施令後，為什麼總在中間卡關？」角色轉換後，蔡毓敏現在終於有了答案：基層員工因為「舒適感」而不想動、害怕動，「說穿了，是不知道改變之後，面對的狀況會是更好或更壞，那不如就一直這樣吧！」

　　於是，蔡毓敏在過去三年，努力消弭臺北餐廚員工對大鍋飯的不安全感，「我們一起把鍋子變大、飯多煮一點，大家就

可以吃得更多、更飽！要動，需要勇氣，以及給予員工誘因，才會有改變的動力和機會。」這正是蔡毓敏的真心話。

─── **便當品牌化持續推動**

附業營運中心在 2020 年 5 月 20 日全家聯名商品上市後，為了推動員工持續創新，並給予更大的舞台，以「防疫便當」為概念發想，請臺鐵六個餐務室分別以在地食材腦力激盪出「養生元氣便當」，並在 6 月舉辦一場「台鐵便當發表會」。

發表會當天，沒有長官致詞，而是幫主廚訂做全新、專業的廚師服，以「主廚上菜秀」的方式登場，請主廚、營養師接受媒體採訪，藉著讓原本默默做便當的第一線工作人員享受榮耀的機會，讓他們知道「員工才是台鐵便當的靈魂，是無可取代的精神所在」。帶著這樣的使命感和責任心一起往前，慢慢認同臺鐵的便當改革。

「但是如果真的要達成附業營收目標，光靠便當絕對不夠，」一路帶著台鐵便當衝鋒陷陣的林佩君，儘管已經不在臺鐵任職，還是難掩對台鐵便當的期待和想像：「做為一個超過七十歲的品牌，台鐵便當其實有非常多元素等著被發掘。」

而這也是附業營運中心正在積極前進的方向：繼續尋找下一個適合 IP 化的元素。

有了與全家授權的經驗，附業營運中心逐漸熟練品牌授權操作模式，希望導入臺鐵品牌故事行銷，善用「說故事的力量」，畢竟百年臺鐵最充沛的能量，就是源源不絕的「故事」。

譬如，早期臺鐵除了賣便當，也賣手沖茶，服務人員一手提著茶壺，一手翻開杯蓋，將茶葉包放進杯內，迅速倒入滾燙的熱水，再蓋回杯蓋，最後把茶杯端回給乘客，無論車廂多搖晃，都不會讓熱水飛濺出來，被稱為臺鐵的「翻杯倒茶絕技」，曾經是許多臺灣人至今還津津樂道的回憶，可惜已經失傳將近四十年。

而附業營運中心尋訪多時，終於找到當年火車上的茶葉，正是來自百年老字號製茶廠「臺灣農林」，吃便當、喝熱茶，這不就是復刻乘坐臺鐵火車的美好記憶嗎？

或許，未來旅客搭乘臺鐵時，可以一邊咬下阿公最愛的「臺鐵滷大排便當」，一邊細細啜飲阿嬤最懷念的暖暖茶香「臺鐵好茶」，佐以車廂外翠綠的山、蔚藍的海，關於世代間在臺鐵火車上移動的美好，傳統和創新，都將在火車搖晃奔馳間，逐一展開。

至於每年定期舉辦的鐵路便當節，也是台鐵便當改革的重頭戲之一。2020 年便當節推出當地食材的「在地便當」，以「跟著食材去旅行」為主軸，營造臺鐵做為承載臺灣在地故事、繁榮在地農業經濟的載具，跳脫台鐵便當過去「填飽肚子」的角色，凸顯其有記憶、能回味，身負推廣在地農業的重責大任。

──── 台鐵便當華麗轉身的未來

「台鐵便當走出車站、走出便當的目標，已經在品牌授權階段初步有了成果，接下來將繼續朝向加盟這條路努力。在產品線上，目前提供午晚餐，未來希望能打入早餐市場，讓全臺 368 個鄉鎮市都可以吃得到台鐵便當，」張政源認為，不僅授

權或加盟，未來也將規劃「便當復興」，並從兩方面落實。

其一，重新帶入 1950 ～ 1960 年代觀光列車上的餐車文化，賦予未來觀光列車新生命；其二，復刻目前古蹟車站的鐵路餐廳，張政源說：「臺鐵目前保留下來的古蹟車站有臺中、臺南、高雄、嘉義，若未來能復刻鐵路餐廳，相信會吸引許多鐵路迷爭相造訪。」

想像一下：未來某一天，搭乘奔馳在鐵道上的觀光列車，中午在餐車上的米其林餐廳用餐，感受美食美景帶來的愉悅氛圍。而這個夢想並不遠，附業營運中心副總經理陳文川透露，內部正積極規劃改造餐車、備餐車，並和米其林認證的五星級飯店／餐廳合作，讓鐵道旅遊元素注入附業營運中心。

當這些想像逐一成真，附業營運中心將走出屬於自己的新世代，蓄積更多能量和自信，從「走出車站」繼續往「走出便當」邁進，挺身迎向前方無限寬廣的道路，創造更多臺鐵奇蹟。

▲早期鐵路的餐車文化至今還為人津津樂道。

chapter

臺北車站中央大廳
微笑重現

2020 年 2 月，
一張配合中央疫情指揮中心的防疫公告，
引發車站中央大廳是否應該永久禁坐的討論。
來自正反雙方的不同論調，
迫使身為管理者的臺鐵，必須積極面對並且處理。
臺鐵直面問題，主動邀請各界人士齊聚一堂，
透過審議式民主，開啟聆聽彼此聲音的契機，
也因此達成共識，做出最妥適的處理方式。

從禁坐到實現審議式民主

原本只是單純配合新冠肺炎疫情的公告，卻引發社會大眾針對臺北車站中央大廳是否永久禁止席地而坐的不同論點，做為管理機關的臺鐵，破天荒以審議式民主處理公眾議題。

→

當代德國哲學、社會學大師，尤爾根·哈伯馬斯（Jürgen Habermas）以溝通理論與公共領域為基礎，在「論辯」的形式下轉化出的審議民主（deliberative democracy），成為全球參與式民主理論先驅。這種特別強調「理性討論」或「論辯」重要性與必要性的民主模式，對世界各民主體制在道德、程序、規範的制度上，都引起廣泛的影響。

臺鐵處理臺北車站中央大廳事件的過程，正是以哈伯馬斯理論的思想脈絡為基礎，將公共領域、理性溝通、審議式民主，以溝通、辯論方式在公民社會的具體實踐。

2020 年 2 月，新冠肺炎疫情進入高峰期，臺鐵配合中央疫情指揮中心一級開設，發出公告，內容為「訂定 2 月 29 日至 4 月 30 日臺北車站大廳禁止民眾席地而坐及群聚。同期間臺北車站大廳也停止租借舉辦活動，再開放時間將視疫情狀況另行公布。」

▲過去臺北車站中央大廳一直是民眾席地而坐聚集的地方。

　　原本只是一則單純配合疫情指揮的公告，在社會各界不同解讀下，引發對中央大廳是否「永久」禁止席地而坐的不同論戰。而身為臺北車站中央大廳管理機關的臺鐵，因為中央大廳事件，再一次被推上輿論的風口浪尖。

───一個八年來都無法解決的議題

　　面對來自各界不同的批評指正，臺鐵展現直接面對問題的魄力與危機處理的能力，分別於 5 月 29 日及 6 月 3 日舉辦兩場座談會，邀請公民團體、非政府組織、專家學者等各界代表，針對中央大廳空間使用進行討論，最終達成「公共空間、公共使用、公民參與」的共識，並在不影響動線與服務的原則下，以微笑地貼呈現出臺灣社會友善、包容的多元價值。

　　「中央大廳事件，是臺鐵化危機為轉機的一次重要案例，」臺鐵局副局長、同時也擔任發言人工作的馮輝昇表示。這次中央大廳事件之所以會演變成為一個社會議題，要先從為什麼會有移工在中央大廳群聚開始談起。

2011 年，微風集團標下臺北車站的商場經營權，由於自動售票機及網路訂票已成趨勢，現場購票人數逐漸減少，為了將空間做更有效的利用，臺鐵便將原位於一樓車站大廳正中央的售票處拆除，在大廳西側重新規劃一座全新售票處。原售票處西移後空出的大片區域，地貼採用極具特色的「黑白格」棋盤布局，預計做為藝文展演空間，民眾前往臺北車站乘車、購票，還可以順道欣賞展覽及演出。

　　數百坪廣闊空間，棋盤式黑白相間大地磚，乾淨、舒適。完工後的中央大廳，逐漸成為許多外籍移工假日聚會、交流的場所，尤其是每年的開齋節（伊斯蘭教齋戒月結束後的第一個週日），更是聚集高峰期，整個中央大廳坐滿慶祝節日的移工，非常熱鬧。

　　其實從 2012 年開始，移工在臺北車站中央大廳席地而坐的議題，就經常成為民眾反映、在臺鐵內部討論的話題，「中央大廳是不是可以席地而坐？」「需不需要再加強管理？」各方意見不一，過程中也曾採行過一些適當的處理方式，只是都無法得到社會共識，等於長達八年的時間，該議題都未得到有效、妥適的處理。

──「永久」禁止大廳席地而坐？

　　2020 年 2 月，在政府嚴密的防疫工作下，每天超過 50 萬人進出、假日許多人聚集交流的臺北車站，自然成為中央政府防疫的重點區域。配合中央疫情指揮中心的命令，對於所有公共場所空間必須加強管理措施，臺鐵進行超前部署計畫，以「進入車站必須戴口罩」及「維持安全社交距離」為原則，公告限制臺北車站中央大廳暫時不能席地而坐。

於是，自 2011 年售票處西移之後，長久以來外籍移工假日、開齋日聚集交流、席地而坐的中央大廳，因為疫情的關係，完全淨空了。而疫情期間，大家十分配合臺鐵的措施，無論是一般旅客或來聚會的移工朋友，都非常遵守相關規定。

　　過去每年配合開齋節活動，臺鐵都會邀集包括臺北市政府、警察局、清真寺等相關單位、團體，一起討論關於開齋日活動的因應措施。當時由於仍在疫情期間，大家對於如何管理，還是以遵循中央疫情指揮中心的命令為原則。「不過，在會議中確實也有相關單位提到，是不是在 4 月 30 日之後，還要繼續開放席地而坐？」馮輝昇回憶。

　　每年都會舉辦的例行性會議討論內容，沒想到受到社會各界熱烈關切，在各種未證實消息滿天飛的情況下，出現了臺鐵將「永久」禁止中央大廳席地而坐的說法。

　　雖說因為疫情之故，齋戒月過了之後，開齋日活動並沒有舉辦。但是隨著「是否永久禁止席地而坐」的說法逐漸發酵，網路、新聞媒體高度關注，逐漸演變為公眾議題。許多民眾認為，臺北車站做為首都車站，必須要有更合適首都車站地位的管理措施，不應該再開放席地而坐；也有民眾認為，臺灣身為多元社會，臺北車站是人與人交流的場所，不應該高度管制或是限制太過嚴苛。

── 拉高思維層次，凝聚共識

　　身為臺北車站中央大廳管理者，臺鐵頓時陷入兩難。一方（而且是廣大的一方）要求臺鐵應該硬起胸膛、嚴格規範，另一方則認為必須堅持臺灣既有的價值文化，不能單純從管理角

度思考中央大廳議題。臺鐵內部更是進行多次討論，也都沒有明確方案，內部同樣分成不同意見的兩方，各自也都提出值得讚許的論述和立場依據。

當時外界氣氛非常緊張，臺鐵每天都要回應新聞輿情不斷地出招。「某某某又對臺鐵下指導棋、臺鐵要硬起肩膀不能退縮……」各種論調持續出現，因為不同立場團體對立而造成社會撕裂，絕對不是眾人樂意見到的結果，臺鐵必須立刻提出有效方案。

站在管理者角度，臺鐵最在意的核心是希望旅客動線順暢、安全，隨著社會各界討論度不斷提升，交通部林佳龍部長邀請臺鐵局局長張政源和相關部門主管，一起討論、溝通。從交通部、臺鐵及不同立場民眾等各種角度思考，拉高整體思維層次之後，慢慢凝聚出共識，那就是必須遵守臺灣多元、友善、包容的社會價值。

臺灣是一個民主自由的國家，臺灣人也是世界公認最友善的民族之一。基於多元、友善、包容的理念，臺鐵重新思考席地而坐的議題，更退回原點，重新檢視臺北車站中央大廳的意義與價值。經過多次激烈討論，最後終於得到共識，在「公共空間、公共使用」的核心理念架構下，一起尋求可行方案。

──邀請公眾參與，實現審議式民主

這是中央大廳事件化危機為轉機的第一步。在內部有了共識確立方向後，下一步是找出社會各界、不同立場團體，都能認同的公共使用方案。張政源表示：「時間拖得愈久，議題的處理層次就會愈複雜。基於已經形成的共識，臺鐵百年來首次

嘗試將『公共空間、公共使用』議題，以公民參與方式，具體實現審議式民主，期望能歸結出最後的處理方案。」

所謂審議式議民主，其基本精神是公民在平等、自由地參與公共事務時，經由交換意見、理性討論和論辯的過程，最後達成符合公共利益的合理決策。為了廣納各方意見，臺鐵邀請公民團體、非政府組織、專家學者等公私部門代表，分別於 2020 年 5 月 29 日、6 月 3 日共同舉行兩場座談會；另於 6 月 11 日、7 月 7 日由公民團體代表就中央大廳空間使用進行兩場討論。

—— 凝聚不同意見，找出解方

前兩次透過座談會形式展開，各單位以中央大廳如何落實公共空間、公共使用為議題，進行公民參與式討論，讓不同立場的團體及專家學者，面對面進行交流。雖然座談會由臺鐵主辦，但是在討論過程中，臺鐵僅以聆聽者的角色參與，傾聽各種意見。無論是從旅客權益、旅運服務、安全角度，還是以尊重多元文化、友善空間的立場，透過面對面討論，不同意見的雙方不再只是隔空叫囂，開始有了真正的對話。

而專心聆聽各界意見的臺鐵，也在這兩場座談會中發現：無論代表什麼立場，「多元」、「尊重」、「包容」、「友善」這幾個關鍵詞，總是一再被提起。臺鐵也更加確定，雖然大家在「公共空間、公共使用」的解讀上各有不同看法，但是堅守臺灣多元文化以及尊重、包容、友善的社會價值，已經是全民共識。

在眾人熱烈的討論過程中，臺鐵管理階層站在主席立場，

雖未於討論會中表達意見，但是與自身相關的管理措施，無論是旅運還是安全，都和臺鐵同仁有直接關係。身為議題的主要利害關係人，臺鐵內部同仁的意見非常重要。

因此，第三、四場討論會之後，臺鐵進一步邀請工會代表參與討論。而為了讓高層決策者能夠親自聽到大家的意見，也邀請林佳龍、張政源參與後兩場公民團體討論會。

公民參與的基本核心是各方表達意見，並進行充分交流後形成共識，交通部與臺鐵的角色都在於聆聽。馮輝昇說：「因此，我們在第三、四場討論會前，特別提醒部長和局長，在會中不能表達個人意見，只能聽、微笑示意。同時也告知公民團體、公私部門，所有意見都可以直接跟決策者分享，希望各與會組織代表人能以精準、多元角度提出看法。」

第三、四場公民會議，對於中央大廳所代表的多元、包容、友善、尊重等價值，具體凝聚共識，更對解決問題產生了決定性的影響。之後，臺鐵在思考相關配套措施時，以多元、包容、友善、尊重為基本原則，融入安全、動線順暢的使用管理辦法，不再硬梆梆地如同以往，僅簡單將售票處、大廳、休息、座椅及無障礙通行等區域，做簡單的空間區隔。

事實上，以區隔方式提供休息空間的做法，過去也曾經施行過，但成效不彰，追根究柢是沒有掌握核心價值。

公共空間是城市風貌的展現，公共空間公共使用則是日常動態的行為，面對社會不同群體，做為社會關係連結的空間，車站的中央大廳不僅是被動提供聚集功能的場所，也將轉為支持創造、多元聲音，展現友善社會包容價值的場域。

——— 微笑的中央大廳

「那就微笑吧！」微笑是世界共通的友善語言，要展現臺灣多元價值，微笑是最好的符號。

於是，在不影響旅客動線與旅運服務的原則下，臺鐵製作微笑圖案及十種語言寫著「微笑」的地貼，貼在中央大廳黑白格棋盤布局的地板上，呈現大廳多元、友善及包容性。另外，也規劃增設座椅，開放公益團體進行公益活動，迎接臺北車站所有使用者，希望各界人士都能感受到微笑帶來的幸福感。

做為中央大廳改造的第一步，微笑地貼的執行十分重要。雖然經過座談、討論，已經了解到社會各界的意見與思維價值，臺鐵上下也做足充分的溝通與準備。但是在爭取大眾認同與支持的過程中，依舊有許多不可控制的因素，也會擔心：萬一貼上微笑地貼後，沒人微笑怎麼辦？

心中帶著些許忐忑，大廳進行改造當晚，張政源及馮輝昇帶領主管群，前往現場給予同仁支持與鼓勵。可能是因為微笑散發出來的高度渲染力，整晚氣氛都很愉悅，完工後工作人員一起從上往下看，每個人都被深深感動。

第二天車站開放之後，從媒體和民眾的輿情反應也發現：社會各界和旅客對於臺鐵透過公民參與形式而總結出來的使用與管理結果，都給予正面的肯定與鼓勵，中央大廳議題的危機也真正化為轉機。

社會議題引發的反思與改變

　　臺鐵透過公民參與、審議式民主，面對問題、解決問題的方式，不只對內部組織而言是一項重要轉變，對整個社會來說，更促成了一次正向發展。

　　哈伯馬斯曾說：「公共領域的特徵不僅是人際交往的場合，也是政治行動與實踐的網絡，公共領域與公眾在場的行為相互關聯，也就是說，公共領域是提供自由溝通的場域，公民有權利在公共領域空間中參與、批評公共事務。」

　　臺北車站中央大廳的議題在發燒初期，不同立場各方激烈對立，直到臺鐵重新檢視臺灣基本價值，拉高格局眼光及思維模式，堅持民主自由，尊重多元文化、展現友善與包容，才真正找到社會大眾都能接受的共識核心。

──── 與公眾同在，落實中央大廳精神

　　中央大廳能否席地而坐的這個議題，在發展與討論過程中，不僅對臺鐵，對臺灣社會也充滿反思。

　　站在移工的角度，其實大家都很尊重臺灣人與社會規範。

▲透過審議式民主，讓多元文化互相包容，展現友善的態度，是中央大廳事件後，社會
大眾與臺鐵一起上的一堂珍貴民主課。

然而，席地而坐是外籍移工的文化，雖說身處臺灣社會，但是文化行為、習慣改變並非一朝一夕可成。必須從自己習慣的文化中，透過溝通，逐漸了解臺灣的社會價值，進而反思、自制，展現對臺灣文化的尊重，讓社會重新回歸到和諧狀態。

對臺鐵來說，何嘗不是如此。臺北車站每天超過 50 萬人進出，任何措施都是社會焦點，若是沒有縝密規劃，隨便一句話或是一項規定，都可能招致批評。而自中央大廳是否禁止席地而坐，雖然引發一連串後續發展，但臺鐵在處理過程中也學習到更好的管理思維與做法，直面問題不逃避，聆聽來自各界的不同聲音，促成討論及交流，進而達成共識。

民主、自由、多元文化與友善包容，是臺灣社會基本的價值理念。當基本價值被重新反思、重新樹立，很多關乎社會的議題，都能在這樣的基礎上得到妥適地解決。

而百年臺鐵這次透過公民參與，了解到公共議題可以透過審議式民主形成共識，爭取社會各界的認同跟支持。身為議題的主要關係人，以及促成討論的推動者，臺鐵無疑做出一次不錯的示範。未來，因為中央大廳以公共空間公共使用的原則，是透過公民參與方式所形成的共識價值，往後的推動勢必仍要與公民站在一起，可見，故事未完，還在繼續。

──在每次突發事件中學習

在臺鐵以微笑地貼回應各界要求之後，2020 年 9 月外籍移工在大廳野餐事件，再度引起社會討論。當時，臺鐵第一時間與移工組織單位溝通，希望他們能約束同胞遵守規範，若造成社會觀感不佳，臺鐵也無法承擔。尤其臺灣是友善的國家，

▲身為首都車站，臺北車站不只供運輸所用，也是匯聚各國遊客的重要公共空間。

對於各國朋友都非常歡迎，臺北車站做為交通樞紐，自然也秉持開放、友善的態度，可是公共空間使用有其規範，要有不能干擾他人使用的認知，對於此說法，移工相關組織十分能理解，也立刻協助處理、溝通。

這次的突發事件，雖然當下引發社會負面觀感，但臺鐵立即啟動溝通管道，找到處理方式；移工朋友同時也藉此學習，慢慢融入臺灣社會與文化，雖然還需要一段磨合時間，不過只要有心，一定可以拉近彼此的距離。

在雙方了解彼此想法後，移工朋友展現出高度自制力，接下來的週末，乃至於中秋節連假，聚集在中央大廳的朋友們都很守規矩，不同習慣、相互尊重的文化價值，在微笑地貼之上再次充分展現。

───滾動式因應中央大廳議題

關於中央大廳的策略、方向主軸定調後，在處理方式上，

譬如聚集野餐、飲食等因應，以及後續疫情趨緩或結束，必須面臨的其他狀況，臺鐵都會持續彈性調整管理措施。

在公民參與的時代，審議式民主已經是不可逆的趨勢。臺鐵能夠在中央大廳議題上踏出開創性的一步，不但激勵臺鐵人的信心，也獲得社會稱許，是非常難能可貴的經驗。

微笑地貼只是第一步，未來臺鐵將成立專門處理臺北車站中央大廳的特別小組，成員除了內部同仁、主管，並邀請外部專家、學者及團體擔任委員，進行相關公益活動、使用計畫審查。後續在兼顧多元需求的空間規劃上，也將階段性推出如增設適當座椅、提升使用者友善環境，與提供公民參與、受理非營利公益活動等空間利用方案。

臺鐵是事業機構，善盡社會責任是經營的核心價值，在達到符合社會各界都能認同的需求與期待下，相信臺北車站中央大廳有潛力成為多元文化與族群友善的重要地標。

哈伯馬斯曾經說過：「沒有民主的實現，就不可能有自主的法律。」法治與民主之間必須有緊密的內在聯繫。亦即公民若要適切地展現公共自主，就必須在私人自主的基礎上同樣保持充分獨立；另一方面，公民如果想要享受私人自主，也必須適當運用公共自主的權利。

根據哈伯馬斯的論述，在政治結構與法律秩序的交錯關係下，可以透過社會生活的日常行動，逐步具體理解法律規範的有效性與民主的正當性，更進一步，也展現了主權與人權的答案，臺北車站中央大廳的議題，無疑是讓臺鐵與臺灣社會，上了一堂最珍貴的民主課。

制度流程系統化，
為安全把關

　　普悠瑪事故後，張政源擔下改革百年臺鐵的重責大任，成立安全管理、組織管理及營運財務等三個改革委員會，邀請外部專家、學者擔任委員，針對提升整體行車安全、組織架構與財務狀況等改善事項給予專業建議，顯示臺鐵以象龜之姿、奮力挪步的改革決心。

──── 從組織改革與整合做起

　　行車安全是第一要務，因此臺鐵改革的第一步便是成立「營運安全處」。安全管理改革委員會委員之一、目前是捷邦公司總經理的許英井觀察：「營運安全處由局長親自領軍，真的有動起來的感覺。」他認為，想提升行車安全，首要建立有系統的管理制度，落實「問題發生、原因分析、改善對策、預防再發」的品質管理原則。「讓問題一再發生，沒有辦法徹底解決，是臺鐵維修與安全最大的困境，」許英井從數據分享臺北捷運的經驗，「北捷扣掉維修，每天約有 92％ 車輛可以使用，但臺鐵能用的車輛一直都在 85％ 以下。提升安全，還是要先從改善組織結構談起。」

　　百年臺鐵組織龐大、設備老舊，各項問題累積多年。「沒錢、沒人」是社會大眾普遍對臺鐵的印象，「以維修來說，買一個材料也要通過層層關卡，」安全管理改革委員觀察，過去

常發生設備有問題，卻不能立即維修的狀況。「無論是沒有備料，或還在採購中，甚至採購規格不符合的狀況都有，權力無法下放，什麼都要報備、要走公文，問題只能放著。」

組織觀念、人員態度沒有與時俱進是主要問題。安全管理改革委員分析，採購受限於能力及政策，車種、車廂、設備規格繁多，無法標準化，影響維修跟不上腳步。「種種問題又回到組織管理，也就是組織結構和工作態度，」許英井認為。

臺鐵因為連年虧損、多年停招，導致人員呈現 M 型化分布，斷層狀況嚴重。許英井說：「這也造成安全的最大隱憂，就是老員工有疲態、新人還沒訓練好就必須上場。」人員訓練難落實，技術不熟練的新人，卻常會開到問題不斷的老車。

老車不只考驗人員，也成為維修困境。車廂、設備是不同年代分批購入，來自不同國家、車廠車型繁多，規格不一。用料需求提出後，採購外國料件往往要八個月到一年以上，無法即時供應。可是，後勤供應鏈是維修命脈，沒有材料，技術再好也沒用。許英井說：「品質系統和後勤供應息息相關，需要從上而下，進行組織改造、整合。」

───── **建立品保制度與流程**

委員也提醒橫向溝通的重要性。過去，臺鐵只針對故障設備防制，缺乏系統性思考，各部門沒有橫向聯繫的習慣。因此，委員們除了提出引進安全管理系統（SMS）、落實安全管理之外，更建議成立跨部門行控中心、制定或修訂故障搶修標準作業程序，建立完善設備維修管理資訊系統，掌握材料採購流程履歷、控管安全存量、追蹤工單與車輛完修時程。許英井分享：

「應該把列車故障分級、明定不得出車的等級。並且影響安全的關鍵項目必須有雙重檢查機制，由檢查人員簽署列車適航證明，才能行駛。」

此外，必須落實司機員排除故障時，先停車再進行故障的處理程序，建立車輛故障排除作業手冊，以及訂定列車不能行駛條件、作業程序與列車適航標準、制定明確發車程序。制度、流程建立後，能不能落實執行才是重要關鍵。

安全問題之外，臺鐵列車規格種類太多、標準不一也是問題。對此，許英井分享北捷經驗，北捷採購時會先訂出一套標準規格，車門位置、動力配置都有明確規範。「國際車輛大廠有能力按照採購規格打造出一樣的車廂，但重點在於臺鐵採購時有沒有能力和技術，提出符合國際標準的規格。」這點也再次證明橫向溝通的重要，許英井建議：「採購人員專業自然比不過需求單位，若雙方能密切溝通合作，即可拉近彼此距離。」

─── 大刀闊斧的改革決心

安全管理改革委員表示，臺鐵成立運安處、強化附業經營、整修及美化車站、添購新車，都是正確的改革道路，也是轉動的契機。但是，最重要的還是組織管理必須有所改變。

「雖然添購硬體很重要，新車也能改善車輛老舊現況，但並不能真正解決問題。」組織管理改革委員表示，臺鐵需要大刀闊斧地改革組織，「企業要改革可以改變產品、路線，彈性很大。臺鐵包袱大、組織盤根錯節，無法改變產品，要象龜立刻轉身，除非有力人士協助，否則轉的角度肯定非常有限。」

掌握財務資料與成本，
做為決策依據

「臺鐵虧損有兩大原因：一是票價，另一個是經營效率。」現任營運財務改革委員、交通部會計處處長張信一分析，除了這兩件事情互相連動之外，最大的問題是不夠透明。

「所謂透明不是指外界看不清楚，而是臺鐵自己也沒辦法看清楚自己。」張信一認為，若想突破反對聲浪、調整票價，最重要的是要讓民眾知道臺鐵很安全、服務品質好，這樣自然能降低反彈。「但實際上撇開票價，臺鐵經營效率未臻完善所造成的損失，恐怕也很巨大。」

臺鐵負擔真的很重。交通事業攸關所有民眾，事業單位必須肩負政府的政策責任。但是以企業考核方式分析事業單位的績效，政策責任又該如何計算？政府到底是想讓事業單位賺錢？還是要讓他們肩負社會使命？

以票價來說，臺鐵目前傾向的改革做法，是希望讓觀光和非觀光票價分離，「這問題有一個基礎，就是能不能做出有效分析？」營運財務改革委員表示，臺鐵在資訊化之後，依然延續舊有的建構模式操作，「資料很多，但是格式、規格、定義都不一樣，」包括材料與會計，都仍使用舊式系統，「資料無法統合，也很難進行有效運用。」

．

―――**財務透明是改革第一要務**

營運財務改革委員分析，早期靠人工做帳，會計並沒有採作業基礎成本制（activity-based costing，簡稱 ABC 成本制），只有材料、直接人工、製造費用，細緻度不足，尤其是製造費用，都是用分攤方式。張信一說：「在各部門分攤的情況下，哪個部門賺錢、哪個部門虧損？大站為什麼人力不足？小站為什麼人員過剩，這些都沒有數據支撐。」在無從認定的情況下產生的資料，等於沒有參考價值。

進入電腦化之後，系統可以幫忙分析很多事，但是臺鐵的電腦系統沒有跟上，人員想法也未跟著進步。以 ABC 成本制為例，最簡單就是定義業務和成本核算對象、確定每種業務的成本動因，然後將成本分配給每一成本核算對象，再對各對象的成本和價格進行比較，從而確定各對象盈利能力的高低。

張信一分析：「臺鐵現行成本計算，一直是用分攤的，只是以前用人工分攤、現在用電腦分攤。」營運財務改革委員分析，「為什麼一直沒有改？因為沒有動機；為什麼沒有動機？因為績效是大鍋飯，沒有哪個部門比較好、哪個部門比較不好的問題。」

因此，委員們建議臺鐵應該盡快重新建立成本系統，整理出一套符合各層級管理決策所需的收支歸屬原則。「重新歸屬後要測試一段時間，看看統計常態是不是有問題，」張信一認為，不同層級看不同決策，高層看方向、基層看細節。「站長要看為什麼這個月水電費增加這麼多？為什麼加班費增加了？是人員減少、工作量增加嗎？還是工作效率變低了？」營運財務改革委員觀察，目前車站做報表，只是為了營收結帳及業務

統計之用，不是為了管理。「所以大家也不理解自己負責的車站到底發生了什麼事。」

──── 蒐集資訊有助於決策參考

從改革財務系統先做出一點成果，讓主管機關或社會大眾看見改變的決心，才有機會擺脫各界對臺鐵負債的歧視。

至於挹注財務，除了票價調整之外，資產開發也相當重要。營運財務改革委員認為，大型資產開發受到地方政府、內政部、文化部還有各種法令限制，動輒十幾二十年，阻力很多，難以立即發揮作用。

此外，內部人才能否跟上大規模的商業合作，也是一個問題，「在不了解市場的情況下，很容易會被市場牽著走，甚至被打壓，」營運財務改革委員認為，「要賺錢，不是開發資產就好。如果完全不控制成本，或是本業無法提升、繼續舉債、出租、都更再多土地也無法解決問題。」

要把成本算清楚，就要有合理結構。張信一說：「不能每次需要資料的時候才去調查。」資訊化時代，要做到資料自動蒐集、回饋幫助決策並不困難。建議臺鐵應盡快將舊有資料轉入系統，而建構資訊系統該由誰主導，需求至關重要。

營運財務改革委員建議，或許可以先從支線分析完全成本，摸索出如何管理才是最適當的成本結構，之後再去研究其他本線該如何調整。張信一認為：「每一個改變都牽涉很多部門，要溝通、協調，並不容易，需要有人主持、統合問題。」高層想改革，有很多想法和策略要推動，必須要確認內部是否

有人可以執行，或者內部同仁能不能理解改革的重要性？

───財務改革兩大關鍵：溝通力和成本資料

營運財務改革委員認為，「溝通力」和「成本資料」是臺鐵財務改革兩大關鍵。溝通力為什麼不足？資料不夠是主要原因。「內部都沒溝通好，如何對外溝通？必要時找專業人才協助也是一個辦法。」臺鐵組織盤根錯節，要改革必須先帶出信心，包括內部同仁及主管機關的信心。

其次是成本資料。先從內部開始，「不用害怕面對現實，以財務的角度，靠成本分析才能看到真相，」張信一說。譬如列車員、維修人員不夠，招募新人之後，訓練時間要多久？訓練是否完成？完成後有沒有留下來？如何列管？林林種種都和成本有關，也牽動著最終成果。

營運財務改革委員分析，臺鐵固定資產比率高達96.83%，雖然流動資金相對於流動負債比例偏低，但因債信良好、政府支持，資金缺口之調度並不難處理，惟為改善經營虧損狀態，臺鐵想要研議合理化票價調整機制，財務上要先執行收支會計帳務，按部門、功能別或產品別之歸屬作業，試辦責任會計，釐清營運部門與資產部門等權責。又臺鐵已經買進全新觀光列車，之後該如何制定票價也和成本資料有關。

所以，營運財務改革委員要求臺鐵先處理六條支線做為範本，哪一條線賺、哪一條線虧，都要清楚掌握。優先開發系統模型進行運算，掌握哪些成本該花、哪些不該花，進而控制成本、增加收入，財務的黃金交叉才有可能實現。

破釜沉舟，
堅持改革的方向

　　無論是安全或財務，最終歸結都是組織管理的問題。現任組織管理改革委員會成員、臺南應用科技大學研發長熊正一說：「臺鐵為什麼不賺錢？因為它肩負公共運輸服務使命，又有企業盈虧的責任，從建立組織開始，營利就不是主要目標。」

　　70 年代之後，隨著人口快速成長，鐵路運量愈來愈高，沒有效率、服務品質低落成為常態，許多國家紛紛開始推動鐵路企業改革，日本 80 年代啟動的「國鐵分割民營化」就是最佳例子。「反觀臺鐵，政府始終不讓臺鐵調整票價，各項優惠貼補也要組織自行吸收，這些都是臺鐵被要求要承擔的社會責任。」熊正一分析。

　　組織管理改革委員認為，臺鐵雖有龐大資產可供開發，但是受限於《鐵路法》，開發腳步太慢。熊正一說：「房地產瞬息萬變，公務機關和行政人員如何跟得上市場的速度？」

　　既要承擔社會責任，政府又沒有明確表示臺鐵未來方向。「從企業管理學角度分析，臺鐵組織複雜、法規多如牛毛、員工心態保守，改革非常困難，」熊正一表示：「過去也有談改革，但是都沒能跨出去，張政源以堅持改革的精神往前衝，讓臺鐵這隻象龜終於動了起來。」

──── 順暢溝通機制，取得員工對改革的支持

熊正一觀察：張政源保持與工會之間的順暢溝通，調和彼此關係，進而取得工會支持，是改革的第一步。「組織改革若沒有基層支持，不可能跨得出去，」熊正一認為，解決員工部分福利問題，先求有再求好，至少讓員工看見改革的誠意，進而願意跟隨公司的腳步投入改革。熊正一說：「象龜要轉身，必須每一個細胞都動起來。大腦發號司令，末梢神經和血管也要跟著動，基層能不能動，對改革能否成功非常重要。」

員工福利只是第一步。第二步再慢慢凝聚員工共識，找回向心力，讓人才願意留下來。第三步，啟動跨組織溝通協調。熊正一說：「張政源局長採滾動式管理，上任後舉辦類似企業單位的共識營，帶著各處主管到不同單位開會，也一起前往全臺工務段、機務段、運務段了解狀況，要求橫向整合。」

第四步是提高附業比例，全力支持資產開發。熊正一說：「臺鐵八成左右乘客是短程通勤，兩成是長程往返，為了和高鐵市場區隔，長程暫時可以不調票價。」但以臺鐵每天約 60 萬人次運量的八成計算，48 萬人次、每天多收一元，一年就能增加 1 億 7,520 萬元的收入，「但政府卻連這點都不能讓步，還要求經營效率，」熊正一認為，在這種情況下，為了扭轉虧損，臺鐵成立資產開發中心、附業營運中心，便成為改革重點。

資產開發不容易，臺鐵動作也快不了，未來享受資產開發成果的，絕對是年輕一代的臺鐵同仁。熊正一說：「年輕人才是真正需要全力支持資產開發的一群，再過十年，資產開發制度化、開始回收，逐漸解決組織結構、負債問題時，要記得現在是哪些同仁耗時費力，把門撞開、勇敢跨出這一大步。」

「許多基層員工沒有危機感，也是一種危機。即使對工作有危機感，也是來自長官的壓力，而非覺得公司可能會倒閉，自己可能會沒有工作，」熊正一觀察，臺鐵已經到了非改不可的地步，只有少數人想改變沒有用，一定要大多數員工感受到危機感和壓力，才有可能動起來。

愈大的組織愈需要決策程序。長官設定目標，同仁要認同才有意義，如何有效溝通是臺鐵改革最重要的事。組織管理改革委員建議，臺鐵應該建立核心團隊，賦予權力處理員工對組織的問題，透過組織內的組織，讓人和人得以面對面溝通問題。而團隊要有公信力，就要給予員工信任感，能將心比心，讓員工感受到問題可以被處理，熊正一說：「或許不一定能夠解決，但起碼釋出善意，讓員工知道能處理到什麼程度。」

譬如資產開發中心、附業營運中心的同仁，努力幫組織增加收入，但若無法凝聚其他單位同仁的認同與肯定，便沒有感覺。熊正一說：「不同工作職掌，都有不同辛苦點，唯有管理階層放下身段妥善溝通，工會站在輔佐單位立場，協助雙方了解彼此，不要為抗爭而抗爭，改革才容易實現。」

── **若改革是正確方向，就應該堅持做**

世界各國如英、日、法、德、義大利，多是從 70 年代開始進行鐵路改革，改革過程中也面臨過抗爭，經過二十年改革終有結果，其中有幾項值得臺鐵參考。

熊正一說：「首先，監管權和經營權要分開。」譬如中華電信和電信總局，航港局和港務公司的關係，監管權在政府，經營單位是公司。「臺鐵現在是監管和運營角色混在一起，」

熊正一分析，員工抗拒民營化的理由，一是怕福利消失，二是不想面對民營企業績效考核，「想在臺鐵上班的人，福利、薪資可能都不是誘因，他們需要的是一份穩定的工作。」

組織管理改革委員建議，成立臺灣鐵路公司成為運營單位，和監管單位鐵路局分開，「願意去運營單位的人，起薪加兩成至三成，其他留在臺鐵的人，不再用資位職務分立制，再考一次試轉成公務員，進入監管單位，」熊正一提出具體建議。

臺灣鐵路管理局兼營臺灣鐵路服務公司是百年前的組織方式，希望臺鐵能持續改革動力，讓產業走向現代化。熊正一說：「歐、美大概改了二十年，終於完成。如今政府負責監管，路權分配給運營公司，投入市場有競爭，績效、服務自然會好。」

臺鐵改革，不只是臺鐵自身的問題，也不只是臺鐵高層的責任，和主管機關政策與態度息息相關。組織管理改革委員認為，主事者不同，策略方向也不一樣，能否秉持中心思想，和其他部會協調、溝通甚至合作，與臺鐵未來環環相扣。

「改革傷筋動骨、茲事體大，改得好長治久安，改不好可能動搖國本，」熊正一認為，政府要臺鐵有所作為，只編列預算添購新車、整修機廠並不夠，要有願意承擔改革風險與政治責任的主事者，問題產生速度若是大於解決問題的能力，那病徵蔓延全身也是遲早的問題。熊正一語重心長地表示：「如果認定改革是正確方向，政府就應該下定決心來好好處理。」

從破窗到小花，
找回臺鐵的榮光

改革，對任何一個企業，都是極為艱困的難題。管理者必須綜觀全局，梳理出關鍵議題，才能做對的事、再把事做對；員工則必須脫離舒適圈，不能只把今天該做的事做好，還要檢討昨天所做的事，一旦有了缺漏必須盡快補上，同時也為明天能提供更好的服務而規劃。改革，絕對是一場漫長的煎熬⋯⋯

百年臺鐵，存在著累積百年的課題及包袱，就像一位百年人瑞，如何期待他透過一場手術，身體機能就完全恢復，能在百米競速、水中翻騰如蛟龍？但是，臺鐵不因改革課題過多就失去決心；相對的，臺鐵認為自己就像一隻笨重的老象龜，想要學跳舞，而啟動一場化不可能為可能的改革。

事實上，許多專家學者及社會賢達同步關注臺鐵的改革，紛紛提出漲票價、公司化，甚至是民營化的策略。但臺鐵自己很清楚，漲票價會有社會壓力，公司化或民營化在長短期債務超過千億的前提下，時機尚未成熟，反而容易造成內部對立。

因此，臺鐵現階段將改革目標鎖定在提升行車安全與旅運服務、透過活化資產及商品品牌化開闢財源、加強員工福利、引進美學思考提升員工自信心，也破除過去封閉、少對外溝通的舊習，學著透過活動、行銷操作，甚至推動公民參與公眾議題，向社會大眾展示，臺鐵在逆境中堅持改革的態度與決心。

而中央也深知臺鐵改革是當急之務，但要為臺鐵這家百年老店帶進新氣象，挑戰何其困難，這個重責大任，最後就落在有臺鐵背景的張政源身上。

───── 只有臺鐵人，才能救臺鐵人

2018 年 11 月，原本擔任交通部政務次長的張政源，銜命接下臺鐵局局長一職，距離上一次離開臺鐵已經二十三年。

張政源畢業於成功大學交通管理系，他是臺鐵跟交大建教合作的第一屆學生，領取臺鐵獎學金，人生的職涯之路當然也是從臺鐵開始。

從基層列車長當起，張政源當過臺北車站站長，1995 年離開待了十五年的臺鐵，陸續擔任多種公職，還曾經赴美當過交通部觀光局駐紐約臺北經濟文化辦事處觀光組主任，之後歷任臺南市交通局局長、臺南市副市長，然後回到中央，擔任交通部政務次長。

在人事體系中，張政源是從簡任十四職等的部會政務官，調任臺鐵局局長、簡任十三職等的事務官，必須辭職、降等、減薪，總月薪約減少五萬多元。這是臺灣由二級公務機關首長轉調擔任三級機關主管職務的首例。

雖然，張政源比誰都清楚，臺鐵多年來累積的各種問題，而且還必須「職等、薪水」雙降，但最後仍決定接下這個吃力不討好的任務。

——— 六大改革目標

張政源上任之初，就提出「六大改革目標」：確保行車安全、更新車路設施、改善工作環境、提升服務品質、改造臺鐵文化、推動企業經營。兩年多來，臺鐵一直走在改革的路上。

舉例來說，成立專責、專人的「營運安全處」，導入安全管理系統（SMS），從組織、機制上強化行車安全。硬體方面，透過 275.22 億元的「鐵路行車安全改善六年計畫」、997.3 億元的「整體購車及汰換車輛計畫」、306.01 億元的「電務智慧化提升計畫」，推動營運與行車安全、車輛汰舊換新、車站及車廂硬軟體設備更新，以及電務系統、橋梁與軌道等基礎建設改善等工作。

另外，張政源擔任臺鐵基層員工時，對於休息環境的克難，至今印象深刻。因此，在他的積極爭取下，臺鐵編列預算，逐步改善備勤宿舍，讓辛苦的員工能擁有好好補眠的空間。

從旅客的角度，最能感受臺鐵的服務品質有別以往，則是票務系統。臺鐵於 2019 年 4 月推出第四代票務系統，透過新版 APP，除了訂位更快速方便，還能顯示座位、多人分票，甚至順便訂便當，目前下載數已突破兩百萬次。

2019 年年底，臺鐵與臺鐵企業工會簽訂「團體協約」，緊接著，2020 年初，臺鐵「員工福利精進措施」正式上路，是臺鐵勞資關係的兩大里程碑。

張政源指出，臺鐵既是行政機關，又是國營企業，臺鐵員工身兼公務員、勞工兩種身分，起薪比不過國營企業，又沒有

一般公務員的待遇、福利，「未蒙其利，先受其害」，員工士氣低落，對管理階層也缺乏信任。因此，他上任後，解決了延宕多年的「團協」、「生活津貼」，重建勞資間的信任，有助於凝聚共識，促進攜手合作的機會。

臺鐵長期虧損，是臺鐵員工待遇無法改善的主要原因。在現行的低票價政策下，臺鐵在運輸本業的獲利空間有限，於是張政源在顧本業之外，拉出了「拚附業」的戰線。

因此，繼「營運安全處」，張政源又推動成立「資產開發中心」及「附業營運中心」，集中火力投入資產活化，以及台鐵便當的加盟、授權，如今已陸續交出成績單。

美學復興也是臺鐵近兩年來，改革很重要的一環。張政源將美學設計帶進臺鐵，希望透過設計能為旅客創造豐富的記憶、體驗，感受溫度與美好，組成臺鐵美學設計諮詢審議小組，從列車造形、車站外觀，到品牌視覺識別系統，都賦予全新的面貌，展現臺鐵重生的自信與實力。

——「破窗」的危機與改革的「小花」

張政源在演講時，經常引用「破窗效應」。這是由美國犯罪學家詹姆斯・威爾森（James Quinn Wilson）與社會科學家喬治・凱林（George Lee Kelling）所提出的理論，意指當環境中出現了「破窗」（失序），如果放任不處理，就會引發出更多扇「破窗」，導致整個社區的失序。臺鐵如今為人詬病的各種疏失，或許都是從一扇「破窗」開始，就是因為放著不去處理，導致問題愈來愈棘手。

相對於「破窗效應」，「小花理論」可能更適合形容如今的臺鐵。

　　背後的小故事是這麼說的：有個年輕人，原本外表不修邊幅，居家環境也髒亂不堪，但是他不以為意，直到有一天，有人送給他一朵小花，因為這朵小花，他找出花瓶，結果發現桌面太凌亂，於是開始整理桌面，進而打掃房間，最後自己也梳洗乾淨，整個人煥然一新。

　　「破窗」和「小花」，其實是一體兩面，強調的是：細微處的改變，會帶來全面性的影響。臺鐵的問題千絲萬縷，然而，如果每個臺鐵人都從細微處做出一點小改變，整個組織將會變得不一樣。

　　領導者的角色，就是在組織裡扮演風氣的推動者。張政源上任後，多次走訪基層單位，就是希望透過面對面的接觸，握住每位基層同仁的手，把「改變」的種子播向臺鐵人的心中。而這一連串的改革，除了領導者、員工、工會等臺鐵人凝聚共識、齊心努力外，外界專家、學者、地方政府、民間企業、旅客的支持，更是重要因素。

　　當然，臺鐵積習已久，改革一時難收全效，如今只是剛開始，未來的路還很漫長，但是當「改變」的種子慢慢萌芽，每位臺鐵人都願意成為那一朵促成改革的「小花」，堅持改革的決心，臺鐵的百年榮光，終會有重現的一天。

社會人文 BGB497

象龜學跳舞
臺鐵在逆境中堅持變革

國家圖書館出版品預行編目(CIP)資料

象龜學跳舞 臺鐵在逆境中堅持變革 / 謝宇航,
胡芝寧, 朱乙真, 王明德作. -- 第一版. -- 臺北
市：遠見天下文化出版股份有限公司, 2021.01
　　面；　　公分. -- (社會人文；BGB497)
ISBN 978-986-525-025-6(平裝)

1.經營管理 2.鐵路政策

557.2　　　　　　　　　　　　　109020605

作　　　者 ── 謝宇航、胡芝寧、
　　　　　　　朱乙真、王明德

企劃出版部總編輯 ── 李桂芬
主　　編 ── 羅德禎
責任編輯 ── 李美貞
封面設計 ── 平面室
版型設計 ── 平面室
內頁設計 ── 簡崇寧
攝　　影 ── 陳映彤、賴永祥、賴光煜、蔡孝如、連偉志、劉立澔、焦志良、曹憶雯、
　　　　　　吳金石、傅星瑋、吳東峻、黃鼎翔、何忠誠、陳彥儒、邱家絳、戴卓玫
圖片提供 ── 臺灣鐵路管理局、柏成設計（鳴日號）、韓國現代樂鐵（EMU900 型通勤電
　　　　　　聯車）、日立製作所（EMU3000 型城際電聯車）、Shutterstock、全家便利
　　　　　　商店、台灣設計研究院、新竹市政府

出版者 ── 遠見天下文化出版股份有限公司
創辦人 ── 高希均、王力行
遠見・天下文化・事業群 董事長 ── 高希均
事業群發行人／ CEO ／總編輯 ── 王力行
天下文化社長 ── 林天來
天下文化總經理 ── 林芳燕
國際事務開發部兼版權中心總監 ── 潘欣
法律顧問 ── 理律法律事務所陳長文律師
著作權顧問 ── 魏啟翔律師
社址 ── 台北市 104 松江路 93 巷 1 號 2 樓
讀者服務專線 ──（02）2662-0012
傳真 ──（02）2662-0007；2662-0009
電子信箱 ── cwpc@cwgv.com.tw
直接郵撥帳號 ── 1326703-6 號　遠見天下文化出版股份有限公司

製版廠 ── 中原造像股份有限公司
印刷廠 ── 中原造像股份有限公司
裝訂廠 ── 中原造像股份有限公司
登記證 ── 局版台業字第 2517 號
總經銷 ── 大和書報圖書股份有限公司電話／（02）8990-2588
出版日期 ── 2021 年 1 月 6 日第一版第 1 次印行

定價 ── NT 500 元
ISBN ── 978-986-525-025-6
書號 ── BGB497
天下文化官網 ── bookzone.cwgv.com.tw

天下文化
BELIEVE IN READING